KB001524

중국어 번역을 위한 공부법

중국어 번역을 위한 공부법

번역가 3인 3색, 100일 번역마늘 프로젝트

신노을

임혜미

김정자

더라인북스

차례

PART I 통번역 대학원 공부법

PART 2 중국어 영상번역 공부법

PART 3 중국어 출판번역 공부법

PART 4 중국어 번역가의 일상 엿보기

100일 동안 중국어 번역마늘 먹기

"번역가가 되려면 어떻게 해야 하나요?"

오랫동안 영상번역가로 활동한 터라, 종종 받는 질문입니다. 사실, 이 한 문장에 숨은 뜻은 '어디에 이력서를 보내야 하나요?'일 때가 많습니다. 직접적으로 좋은 번역 회사를 콕 찍어 알려 달라고 묻는 이도 있죠. 질문의 순서가 잘못됐습니다. 이력서를 보낼 만한 좋은 번역 회사를 소개해 준다고 해도, 번역 능력을 갖추지 못했다면 애초에 일을 시작할 수 없으니까요.

제대로 된 대답을 들으려면 제대로 된 질문을 해야 합니다. "번역가가 되려면 어떻게 공부해야 하나요?" 그 대답은 간단합니다. 외국어 실력과 글쓰기 능력, 탄탄한 배경지식. 이 세 가지만 갖추면 됩니다. (영상을) 보고, (책을) 읽고, (글을) 쓰기. 이 세 가지를 실천하면 되시요. 그린데 바로 이 '실천'이 문제입니다. 백 가지 공부법을 안다 해도 실천하는 건 또 다른 얘기니까요.

번역가가 되면 365일 매일 숨쉬듯이 번역을 해야 하는데, 매일 공부하는 습관을 들이지 않는다면 어떻게 될까요? 오랜 시간 공부에 매달린다고 반드시 번역가가 된다는 보장은 없지만, 공부하지 않으면 번역가가 될 수 없는 건 분명합니다. 많은 이들이 번역가를 꿈꾸지만 '공부'라는 첫 관문부터 지쳐서 통과하지 못하고 도중에 포기하고 맙니다.

2015년을 바로 며칠 앞둔 어느 날, 이런 궁금증이 들었습니다. 단군 신화 속 곰이 동굴 안에서 꾹 참고 마늘만 먹고 인간으로 변한 시간, 100일. 그 기간 동안 하루도 빠짐없이 공부를 한다면 번역가로 살아가는 기초 체력을 쌓을 수 있지 않을까 했죠.

그래서 '100일 번역마늘 프로젝트'를 기획했습니다. 제가 운영하는 온라인 번역 공부 카페인 '더라인 번역 오픈케어'에서 깜짝 이벤트를 진행하기로 했죠. 우선, 100일 동안 번역 공부를 할 계획표를 엑셀 파일로 만들어 게시판에 공유했습니다. 계획표대로 100일 동안 매일 과제를 해서 게시판에 올리면 선물을 주겠다고 했답니다.

내심 궁금했습니다. 과연 100일 과제를 완수하는 사람이 있을까? 선물이 걸려 있어도, 100일간 하루도 빠짐없이 과제를 해서 올린다는 게 불가능하지 않을까? 작심삼일이라는데, 다들 도중에 포기할 거라 생각했어요.

총 75명이 이벤트에 참여했고, 그중 43명이 100일을 버텼습니다. 절반 이상이 살아남은 거죠. 제 예상은 보기 좋게 빗나갔습니다. 생존자들에게 100일 동안 어떻게 공부했는지 후기를 남겨 달라고 했습니다. 생존자들 모두 100일 내내 반신반의하면서 과제를 했더군요. "과연 내가 100일을 버틸 수 있을까?" 계속해서 의심했죠. 처음에는 선물을 노리고 시작했지만, 하루하루 지나갈수록 오기가 생겼다고 합니다. 수많은 고비를 넘기고 100일을 견뎌낸 생존자들은 큰 성취감을 느꼈습니다. 회식의 유혹도 뿌리치고 퇴근 후 지친 몸을 추슬러 가며 과제를 했다는 직장인, 살림과 육아에 지쳐 있다가 나 자신한테 집중할 수 있는 시간이 생겨서 행복했다는 주부. 휴가나 출장을 가서도 틈틈이 과제를 해서 올리는 등 눈물겨운 사연들이 많았답니다. 특히 주부들의 경우, 남편과 아이들의 응원을 받으며 끝까지 버티기도 했죠. 매일매일 노트에 뭔가를 적으며 공부를 하니까 처음에는 의아해하던 가족이 나중에는 과제 안 하냐고 먼저 물어보고 재촉했다고 합니다. 엄마가 과제할 때 자연스럽게 옆에서 함께 공부하는 아이도 있었고요.

100일을 버틴 이들의 후기를 읽으며 저도 좋은 자극을 받고 힘을 얻었습니다. 무언가에 도전해 성취해 낸 경험은 사람들에게 자신감을 불어넣어 줬습니다. 뭐든 계획만 세워 놓고 실천하지 못했던 자신을 탓하며 원망할 일이 사라졌으니까요. 긍정적인 변화를 일으킨 100일 번역마늘 프로젝트를 1회성으로 끝내기엔 아쉬움이 컸어요. 그래서 시즌제로 이어가기로 했습니다. 그렇게 4년 동안 7시즌까지 진행됐답니다. 시즌제로 이어지니 중도 포기해도 다음에 얼마든지 다시 도전할 수 있었죠. 몇 차례 도전 끝에 성공한 이들도 있고, 성취감을 다시 느끼고 싶어 여러 번 도전하는 이들도 많았죠.

대부분 번역가 지망생들이 도전했지만, 여기 세 명의 중국어 번역가도 100일 번역마늘 프로젝트에 도전했습니다. 중국어 통번역 대학원을 졸업하고 번역가로 입문했지만 좀 더 탄탄한 실력을 쌓고 싶었다는 신노을. 중국어 통역과 번역, 교육 등으로 화려한 경력을 자랑하지만 영상번역가를 꿈꿨던 임혜미. 문서번역, 게임번역, 출판번역 등 분야를 가리지 않고 다년간 번역가로 경력을 쌓았지만 공부를 지속하고 싶어 했던 김정자. 이 세 명은 각자 자신의 목적에 맞춰 계획표를 짜고 100일 동안 따로, 또 같이 공부했습니다.

신노을은 중국어 통번역 대학원 입시 준비 시절을 떠올리며, 그때처럼 한 가지 목표를 위해 열심히 공부했던 적이 없었다고 합니다. 대학원을 졸업하고 번역가로 데뷔했지만 실력의 한계를 느끼고 다시 초심으로 돌아가고자 통번역 대학원 입시를 준비하던 시절의 공부법을 100일 동안 실천했습니다. 한창 슬럼프에 빠져 허덕였는데 100일 번역마늘 프로젝트를 하면서 다시 나아갈 힘을 얻었다고 합니다. 지금은 주력하던 출판번역을 잠시 쉬고 중국 드라마 번역에 전념하고 있죠.

임혜미는 영상번역과 웹툰번역에 초점을 맞춰 계획표를 짰고, 100일 번역마늘 프로젝트를 수행하는 틈틈이 영상번역가로 데뷔할 준비를 했습니다. 과제를 하면서 자신감이 붙었고 영상번역가로 입문하는 데 성공했습니다. 100일 번역마늘 프로젝트 내내, 번역에 도움이 될 만한 자료를 틈틈이 정리했던 게 번역 현장에서 실질적으로 도움이 됐다고 합니다. 지금은 50부작이 넘는 중국 사극 드라마도 거뜬히 번역해 낼 만큼 탄탄한 실력을 자랑합니다.

김정자의 100일 계획표는 출판번역 공부에 도움이 됩니다. 20일씩 총 5개 파트로 나누어, 한국 단편소설 필사, 중국어 원서 필사, 배경지식 익히기, 중국 역사 공부, 실전 번역으로 구성했습니다. 손을 움직여 노트에 기록을 하는 아날로그식 공부에 매료돼, 캘리그라피와 그림을 과제에 접목하기도 했죠. 지금도 매일 습관적으로 공부를 하는 한편, 다양한 분야의 번역을 하며 자기만의 콘텐츠를 개발하는 데 힘쓰고 있답니다.

이 세 명 모두, 입을 모아 말합니다. "번역가로 데뷔했다고 공부가 끝나는 게 아니다. 오히려 시작이다." 이들의 100일간의 기록을 따라가다 보면 중국어 공부법과 번역 팁은 물론, 번역에 대한 애정도 엿볼 수 있죠. AI 번역이 점점 발달하는 상황에서, '미래에 없어질 직업'으로 꼽히는 번역가. 이 사실을 알면서도 이들은 번역하는 순간 자유와 행복을 느낀다고 합니다. 왜일까요? 단순한 생계수단 이상의 의미가 있기 때문이죠. "나는 왜 번역가가 되려고 하는가?" 이 질문을 끊임없이 자신에게 던지고 그 답을 찾으려고 노력했습니다. 여러분도 이 책을 읽으며 왜 번역가가 되려는지 자신에게 질문을 던져 보세요. 번역가에 도전해 보기로 결심했다면, 3인 3색 번역가의 공부법을 따라 100일 번역마늘 프로젝트를 실천해 보세요. 100일 후, 번역 웅녀로 거듭나길 진심으로 응원합니다.

함혜숙
영상번역가, 더라인북스 대표

PART 1
통번역 대학원 공부법

신노을

베짱이처럼 놀고먹다가 수능 점수에 맞추어 중국학과에 지원하면서 중국어와의 인연이 시작됐다. 중국어 천재들 사이에서 주눅 들어 살았다. 믿을 건 노력뿐이라 2년간 죽어라 공부한 끝에 이대 통번역 대학원에 합격했다. 졸업 후 출판번역, 영상번역, 문서번역 등 분야를 가리지 않고 번역을 하고 있다. 한 문장 한 문장 번역할 때마다 고통에 몸부림치지만 원문에 딱 맞는 한국어 표현을 찾아낼 때의 그 짜릿함을 잊지 못해 번역에서 헤어나오지 못하고 있다.

99%의 계획과 1%의 끈기

대학에 다닐 때는 중국어가 참 싫었습니다. 제대로 된 꿈도 목표도 없이 수능 점수에 맞춰서 학과를 선택했기 때문이었죠. 목표나 꿈이 없었으니 대학을 박차고 나와 새로운 길을 개척하는 것은 엄두도 못 냈답니다. 그건 꿈 있는 사람들만이 할 수 있는 일이니까요. 나중에 멋진 사람이 되어야겠다는 청사진만 어렴풋하게 간직한 채 열심히 놀기만 했습니다.

중국어로 밥벌이를 하게 될 거라고는 생각해 본 적도 없었어요. 중국어가 적성에 안 맞았거든요. 갓 입학했을 때는 반짝 의욕이 넘쳐서 중국어 학원 새벽반을 다니기도 했지만 오래가지 못했습니다. 힘겹게 새벽잠과 싸우다가 일주일 만에 포기했죠. 중국 영화나 중국 노래에라도 심취했

신노을

다면 언어 공부에 재미를 붙였을 텐데, 저는 중국어에 관심 없는 사람도 좋아했던 '포청천'이나 '황제의 딸' 같은 드라마에도 관심이 없었습니다. 그만큼 중국어에 정을 붙이지 못했죠.

결국 허송세월만 하다가 졸업 후 중국어와 상관없는 일을 시작했습니다. 당시 제가 도전했던 분야는 컨벤션 기획이었습니다. 외국어와 전혀 관련 없는 일은 아니었죠. 화려한 국제행사 속에서 각국 전문가들이 서로 소통할 수 있는 징검다리가 되어 주는 동시통역사라는 직업을 간접체험 할 수 있었으니까요. 하지만 제 역할은 통역사가 아니라 행사 진행요원이었습니다. 진행요원으로 실무 경험을 쌓은 뒤 전문 기획자가 될 생각이었죠. 하지만 눈치도 없고 빠릿빠릿 움직일 줄도 모르고 영어도 서툴렀던 저에게는 최악의 선택이었습니다. 제대로 능력을 입증하지 못해서 결국 경쟁자에게 밀려나 백수가 되었습니다. 막다른 골목에 몰린 저는 그동안 손 놓았던 중국어 공부를 다시 시작했습니다. 컨벤션 현장에서 지켜보기만 했던 동시통역사에 도전해 보고 싶어서였죠. 그게 2007년도였습니다.

이렇게 장황하게 설명한 첫 번째 이유는 제가 당시 중국어를 유창하게 잘해서 통번역 대학원 입시 공부를 시작한 게 아니란 걸 짚고 넘어가기 위해서입니다. 중국어의 어순과 성조만 어렴풋이 기억하고 있는 상태에서 무모하게 통번역 대학원 입시 공부를 시작했습니다.

두 번째 이유는 제가 당시 심리적으로 궁지에 몰려 있었다는 걸 보여 주기 위해서입니다. 항상 이것저것 시도해 보다가 어려울 것 같으면 포기하기 일쑤였는데 계속 이렇게 살다가는 정말 큰일 나겠다는 위기감을 느꼈습니다. 절박한 상황에 처하자 불가능해 보였던 목표에 도전할 용기가 생겼답니다.

2년 동안 미련할 정도로 공부에만 매달린 끝에 이대 통번역 대학원에 합격을 했습니다. 뭔가를 끝까지 노력해서 성과를 얻은 건 그때가 처음이었습니다. 백지를 채워 가는 기적 같은 경험이었습니다. 통번역 대학원 입시학원을 다니며 터득한 공부 방법과 매일매일 계획적으로 공부했던 게 큰 도움이 됐죠. '나도 노력하면 할 수 있다'는 사실을 깨닫고 나자, 뭘 하든지 이전보다는 두려움이 덜했습니다.

하지만 짜릿한 성취감을 맛보고 얼마 지나지 않아 다시 나태해지면서 실력이 바닥을 드러냈습니다. 그런 상태에서 번역가로 입문하고 나니 한계에 부딪쳤죠. 다시 실력을 다져야겠다고 결심했을 때 대학원 입시반에서 보냈던 시

신노을

간이 떠올랐습니다. 당시의 효과적인 공부 방법을 아주 조금씩이라도 하루하루 해 나갈 수 있다면 당장은 아니더라도 앞으로 살아갈 날들에 큰 보탬이 될 수 있겠다 싶었습니다. 그래서 통번역 대학원 공부법을 '100일 번역마늘 프로젝트'에 접목시켰습니다. 구체적인 100일 공부법을 소개하기 전에, 통번역 대학원 입시를 준비하며 경험했던 공부법부터 되짚어 보겠습니다.

통역의 기본, 노트테이킹

통번역 대학원 입시반의 메인 수업은 노트테이킹 훈련입니다. 선생님이 읽어 주는 중국어 기사를 들으며 A4 용지에 내용을 받아 적고, 받아 적은 종이를 보고 한국어로 통역하는 훈련입니다. 수업 첫날의 충격이 아직도 생생합니다. 통번역 대학원 입시반의 공부 방법에 대해 아무런 사전 지식 없이 낯선 교실, 낯선 사람들 틈에 앉아 있었습니다. 선생님이 교실로 들어오자 수강생들은 다양한 반응을 보였습니다. 연습장을 4등분 하여 접는 사람, 학원 홍보용 무지 노트를 꺼내는 사람, A4 프린트물 뒷면에 볼펜으로 줄을 그어 칸을 만드는 사람. '대체 사람들이 뭘 하는 거지?' 생각하며 멍하니 앉아 있는데 선생님께서 중국어 기사 낭독을 시작하시더군요. 그와 동시에 수

신노을

강생들의 손은 정신없이 바쁘게 움직였습니다. 제가 할 수 있는 일은 바보처럼 멍하니 선생님을 바라보는 것뿐이었어요. '내가 제대로 찾아온 게 맞나?' 생각하며 갈등에 빠졌죠. 하지만 일단 버텨 보기로 했습니다.

수강 초반에는 마음의 여유가 없어 미처 눈치채지 못했는데 학원 생활에 차츰 적응하다 보니 사람마다 다양한 방식으로 노트테이킹을 한다는 걸 깨달았습니다. 크게 나누자면 두 가지 유형이 있었습니다.

첫 번째는 간단한 기호를 만들어 노트테이킹에 활용하는 방법으로 가장 흔히 볼 수 있는 유형이었습니다. 저도 이 유형에 속했습니다. 무조건 많이 받아 적어야 더 많은 내용을 뽑아 낼 수 있을 거라는 계산이었지만, 사실 기호를 적어 놓고도 무슨 뜻인지 이해하지 못하는 경우가 더 많았습니다. 내가 적은 내용을 내가 다시 해독해야 되는 상황이 자주 발생했죠.

두 번째는 내용을 받아 적기보다는 가만히 들으면서 필요한 내용만 차분하게 메모를 하는 유형이었습니다. 이런 경우는 보기 드물었어요. 대부분 합격 라인에 근접한 천재파 수강생들이었으니 흔할 리가 없죠. 그들이 적은 테이킹지를 보면 곧은 글씨로 몇 개의 단어와 문장만 나열되어 있습니다. 제가 미친 듯이 내용을 받아 적은 것보다 더 많은 분량을 캐치해 발표하고는 했습니다. 처음엔 그저 신기했는데 학원에서 찌들어 가는 날이 늘어날수록 그들의 비결을 깨닫게 되더라고요. 바로 이해력이었습니다.

저는 처음에는 무조건 다 받아 적으려고 했습니다. 새로운 기호를 고안해 내기도 했어요. 예를 들면 '他'는 'T'로, '我'는 'W'로 대체하는 식이었죠. 그런 방식으로 테이킹을 하다 보니 문제점이 많았습니다. 듣는 것보다 적는 것에 신경 쓰다 보니 중요한 부분에서 이해하지 못하고 지나가 버리는 경우가 많았고, 남는 건 종이에 덩그러니 그려진 T와 W의 향연뿐이었으니까요. 이해를 해야 통역도 할 수 있고 번역도 할 수 있는데 말이죠. 그 사실을 깨닫는 데 시간이 많이 걸렸습니다.

노트테이킹을 잘하기 위해서는 앞에서 말했듯 잘 이해하는 게 가장 중요했습니다. 다른 말로 하자면 중국어 듣기 능력이죠. 말 그대로 중국어를 잘해야 했습니다. 두 번째로 중요한 건 배경지식이었습니다. 통번역 대학원 입시 문제는 시사 이슈를 담은 중국어 텍스트로 이루어져서, 입시반에서도 중국 온라인 뉴스 사이트의 국제 칼럼을 주 교재로 활용했습니다. 아무리 중국어를 잘한다 하더라도 텍스트가 말하고자 하는 게 무엇인지 파악하지 못하면 말 그대로 하얀 건 종이고, 검은 건 글씨가 될 뿐이죠. 셋째, 암기력도 좋아야 했습니다. 선생님이 읽어 주는 양이 상당했기 때문에 기억력이 뛰어나야 해요.

통번역 대학원 입시반에 처음 들어온 사람들은 대부분 여기서 견디지 못하고 포기하는 경우가 많았습니다. 저야 그냥 버티고 앉아서 무식하게 노력하기로 마음을 먹었기 때문에 스트레스는 받았지만 그럭저럭 견뎠던 것 같아요. 그 고비를 넘기면 중국어 실력이 어느 정도 탄탄해졌다는 뜻이기도 하고요. '중국어를 잘한다'는 기준은 사람마다 목표에 따라 다를 겁니다. 중국으로 여행 가서 사용할 정도의 일상 회화를 목표로 삼는다면 중국인과 의사 소통만 돼도 '중국어를 잘한다'라고 할 수 있죠. 하지만 통번역 대학원 입학이 목표라면 그 기준이 훨씬 높아집니다. 읽기, 듣기, 쓰기, 말하기, 이 네 가지를 종합적으로 잘해야 하니까요. 그래서 통번역 대학원 공부법은 스트레스 강도가 높지만, 중국어 실력을 쌓기에는 확실히 도움이 되는 방법입니다. 통번역 대학원 입시반에서 공부한 경우, 대학원에 합격하지 못하더라도 중국어 실력 자체는 뛰어난 경우가 많답니다.

신노을 　　　　　　　　　　 •••

♥ thelinebooks님 외 10명
#100일번역마늘실천일지 #중국어 #100일번역 #스타트 #잼나요 #번역
#열공모드 #열정 #번역가 #북스타그램 #일상

의욕 넘치는 출발

2017년의 첫날 아침이 밝았다. 100일 번역마늘 프로젝트를 시작하는 날. 의욕이 넘쳐흘러서 공부 시작 전부터 많은 준비를 해 두었다. 나답지 않게 알록달록 화려한 노트도 사고, 필기감이 좋은 볼펜도 여러 자루 샀다. 마음가짐이 비장해서 그랬는지 눈도 평소보다 일찍 떠졌다.

어떤 일이든 처음 시작할 때 가장 열정이 불타오르기 마련이다. 대학 신입생 때 기숙사에서 맞이한 첫날이 문득 기억난다. 지금도 간간이 연락하고 만나는 룸메이트는 첫날 새벽 4시에 일어나 중국어 학원으로 향하는 내 모습에 경악하면서 위기감을 느꼈다고 고백한 적이 있다. 열정은 오래가지 못했다. 수강 초반 일주일에 모든 힘을 쏟아부은 탓에 금방 지쳐 버렸고, 결국 도중에 수강을 중단했으니까.

열정의 유통기한이 오래도록 지속됐던 것 중 하나가 통번역대학원 입시 공부였다. 지금 생각하면 어떻게 2년 동안 공부를 계속했는지 스스로 신기할 정도. 번역가가 되고 나면 공부는 그만해도 될 줄 알았다. 하지만 번역을 하면 할수록 공부의 필요성을 느끼게 된다. 100일 번역마늘 프로젝트를 하며 식었던 열정을 다시 불태워 볼까 한다.

이해력을 키워 주는 열쇠, 신문 읽기

　　　　　　　노트테이킹 실력은 하루 아침에 완성되는 게 아니므로 당장 내가 채워 나갈 수 있는 부분부터 수습하기로 했습니다. 학원 수강생들을 눈여겨보니 다들 신문을 한 부씩 들고 다니더군요. 왜 신문을 읽는 건지 처음에는 잘 몰랐지만, 다들 들고 다니니까 저도 꼭 읽어야 할 것 같아서 당장 신문 구독을 신청했습니다. 그날부터 매일매일 신문과 함께했죠.

　아침 6시에 일어나 학원 갈 준비를 하고(그냥 머리 감고 세수하고 트레이닝복을 주워 입었어요.) 현관문을 열면 신문이 배달되어 있습니다. 그걸 옆구리에 살포시 낀 채 학원으로 향했습니다. 8시쯤 학원에 도착하면 아무도 없이 저뿐이었어요. 빈 강의실의 불을 켜고 앉아 신문을 정독하기 시작

신노을

했죠.

신문을 읽는 건 시사 상식을 키우기 위해서입니다. 이해하는 만큼 들리기 때문에 국제 이슈와 외신에도 보도될 만한 큼직한 정치 이슈를 잘 파악하고 있으면 중국어 텍스트의 내용을 더 잘, 더 빨리 이해할 수 있었습니다. 통역과 번역의 속도도 그만큼 향상되죠.

통번역 공부의 가장 중요한 요소는 중국어 의미를 적합한 한국어로 표현해 내는 것입니다. 중국어를 아무리 잘한다 하더라도 한국 사람이 이해할 수 있는 한국어로 표현하지 못한다면 통번역에서는 아무런 의미가 없습니다. 신문을 읽으면 중국어 신문 속 어휘와 등가를 이루는 한국어 표현을 많이 접할 수 있었습니다. 예를 들면, 수업 시간에 자주 들었던 단어는 미국의 '미사일 방어 시스템', 즉 'MD 시스템'이었습니다. 중국어로는 '导弹防御系统'이었죠. 하지만 한국어 신문을 읽지 않은 사람이 '导弹防御系统'이라는 단어를 들었을 때 '미사일 방어 시스템'이라는 정확한 용어를 떠올리기는 어렵겠죠.

촛불 집회라는 단어도 당시 가장 많이 사용되는 단어였습니다. 광우병 때문에 촛불 집회가 자주 열릴 때였거든요. 중국 신문에도 국제 이슈로 자주 소개됐고 수업 시간에도 노트테이킹 자료로 많이 사용됐습니다. 저는 신문을 꼼꼼히 읽는 편이어서 하루가 멀다 하고 등장하는 미국산 소고기 수입 반대 집회에 대한 내용을 잘 파악하고 있었습니다. 관련 이슈가 노트테이킹 수업 때 들리면 자신 있게 앞에 나가 발표했습니다. 못 들은 내용은 한국 신문에서 읽은 내용을 바탕으로 재구성해서 발표하기도 했어요. 적중률이 아주 높았죠.

그러므로 신문을 읽는 건 필수였습니다. 괜히 수강생들이 신문을 손에 들고 다닌 게 아니었어요. 저에게 신문을 읽는 건 합격을 기원하는 의식과도 같았습니다. 매일 아침 신문을 읽을 때마다 나의 노력이 언젠가는 큰 보상으로 돌아올 거라고 굳게 믿었습니다. 초보 단계에서 어렵지 않게 꾸준히 할 수 있는 공부이기도 했습니다. 지금도 온라인 뉴스의 오피니언 섹션과 읽지 않은 채 쌓여 있는 잡지를 뒤적거리고 있으면 그때의 기억이 아련하게 떠오릅니다. '아, 그때 정말 공부 열심히 했었지' 하고 말입니다.

학원에서 집으로 돌아와서도 공부는 계속됐습니다. 뉴스를 보면서 아나운서의 말을 듣고 동시에 따라 하는 섀도잉 연습을 했습니다. 처음부터 끝까지 섀도잉을 하겠다고 욕심 부리진 않았어요. 그날의 보도 내용을 요약한 오프닝

멘트만이라도 충실히 섀도잉해 보자 싶었어요. 아나운서의 발음과 억양을 따라 하면서 격식 있는 한국어 표현도 익히고 순발력도 키웠죠. 섀도잉은 통역뿐만 아니라 번역 공부에도 큰 도움이 돼서 지금도 틈틈이 하고 있답니다.

중국어 메모리

노트테이킹 못지 않게 초보자인 저를 당황시켰던 종목이 바로 메모리입니다. 첫 수업 날, 선생님은 노트테이킹을 마치자마자 아무 설명 없이 바로 메모리 수업을 시작했습니다. 먼저 A4 용지 반 장 정도의 중국어 텍스트를 또박또박 읽은 다음 무작위로 수강생 한 명을 지목하고 앞에 나와 발표를 하도록 시켰습니다. 지명을 받은 수강생은 놀랍게도 방금 선생님이 읽은 중국어를 유창하게 한국어로 통역하듯 뱉어 냈습니다. 정말이지 충격적이고 공포스러운 광경이었죠. 저로서는 무슨 내용인지 파악할 수도 없는 기나긴 중국어 텍스트를 메모도 하지 않고 기억했다가 한국어로 정리해서 발표하다니! '저게 노력한다고 할 수 있는 것일까?'라는 의심마저 들었죠. 안 그래

신노을

도 노트테이킹에 빅펀치를 맞아 정신이 없었는데 메모리는 저를 완전히 녹다운시켜 버렸습니다.

메모리를 간단히 설명하자면, 일정한 분량의 텍스트를 메모 없이 듣고 내용을 이해한 대로 다시 정리·요약하여 자기만의 표현으로 바꾸어 말하는 훈련입니다. 수업 시간에는 대개 중국어를 듣고 한국어로 내용을 바꾸어 말하는 중-한 메모리, 한국어를 듣고 중국어로 바꾸어 말하는 한-중 메모리 위주로 훈련했습니다. 아주 가끔씩 한국어를 듣고 한국어로 정리하는 한-한 메모리를 하기도 했는데 자주는 아니었어요.

메모리를 잘하기 위해서는 먼저 출발 텍스트의 내용을 잘 알아들을 수 있어야 했습니다. 중-한 메모리라면 중국어가, 한-중 메모리라면 한국어가 출발 텍스트가 됩니다. 중-한이나 한-중이나 일단 중국어 실력이 탁월해야 해요. 중-한 메모리는 중국어 텍스트를 듣고 정확하게 이해해야 도착 언어인 한국어로 제대로 옮길 수 있으니 중국어 듣기 능력이 중요하고, 한-중 메모리는 중국어 표현 능력이 좋아야 한국어 텍스트를 도착 언어인 중국어로 옮겨 말할 수가 있죠.

메모리를 잘하기 위해 필요한 두 번째 요소는 논리력입

니다. 무작정 들리는 내용을 다 기억하려는 욕심을 버리고 텍스트가 어떤 구조로 이루어져 있는지 잘 파악하는 게 기억하는 데 더 도움이 되었습니다. 입시 공부에 활용되는 시사 텍스트의 경우 서론, 본론, 결론이 뚜렷하게 드러나 있고 글의 목적도 분명한 게 대부분이므로 첫 번째 문장과 나머지 문장과의 관계를 신경 쓰면서 들으면 내용 파악도 더 잘 되고 기억에도 많이 남습니다.

마지막으로 필요한 능력은 기억력과 집중력입니다. 기억력은 달리 방법이 없었던 것 같습니다. 기억력을 타고난 천재가 아니고서야 매일매일 빠짐없이 꾸준히 훈련하는 수밖에 없습니다. 집중력도 상당히 중요합니다. 내용을 집중해서 듣고, 이해한 내용을 기억한 다음 도착 언어로 말하도록 연습을 해야 했는데, 저는 텍스트를 듣는 동안 항상 '이 한국어는 중국어로 뭐라고 표현해야 하지?' '이 문장에 잘 어울리는 한국어 표현은 무엇일까' 같은 것들을 생각하다가 정작 중요한 내용을 놓치기 일쑤였습니다.

물론 중국어 실력이 훌륭하고, 시사 배경지식이 풍부하여 텍스트 이해 능력 또한 훌륭하다면 그렇지 못한 사람보다 내용을 더 쉽게 기억할 수 있겠죠. 하지만 이런 요소를 갖추지 못한 사람에게 메모리는 노트테이킹에 버금가는 고통스러운 고문입니다.

메모리를 잘하기 위해 제가 가장 먼저 넘어야 할 산은 중국어 실력이었습니다. 일단 내용이 뭔지 알아들어야 뭘 하지 않겠어요? 그런데 정말 그 당시에는 중국어를 듣고 이해할 능력이 전혀 없었습니다. 통번역 대학원 입시반에서 공부하는 수준 높은 시사 텍스트는 더더욱 이해할 수 없었어요. 중국어 실력을 쌓는 게 가장 시급한 과제였습니다.

저와 비슷한 시기에 입시반에 등록하여 짝을 이루게 된 스터디 파트너와 상의한 결과 중국어 실력이 쌓일 때까지는 당분간 한-한 메모리를 훈련하기로 했습니다. 당시에는 과연 도움이 될까 싶어 걱정도 많았지만, 지금 생각하면 탁월한 선택이었죠. 우선 스터디 파트너가 선별해 오는 한국어 텍스트를 매일 들었기 때문에 신문을 읽는 것만큼이나 배경지식 쌓는 데 큰 도움이 되었습니다. 알아듣지 못하는 중국어보다는 내용 파악이 잘됐기 때문에 '논리력과 기억력 향상', '메모리의 원리 깨닫기'에 큰 도움이 되었습니다.

신노을　　　　　　　　　　　•••

♥ thelinebooks님 외 10명
#100일번역마늘실천일지 #씨네21 #종이신문 #100일번역 #균형적시각
#오피니언 #전문적

텍스트의 선택

통번역 대학원 입시 준비 기간에 가장 많이 활용하는 교과서는 뭐니 뭐니 해도 신문이다. 공부를 시작했던 2007년 당시에는 온라인 신문보다는 종이 신문을 보편적으로 보던 때라서 소위 '조중동'으로 불리는 메이저 언론사의 신문 중 하나를 정기 구독했다. 정치적 성향 때문이 아니라 읽을거리가 많아서 선택했다. 그러나 공부용으로 본다고 하더라도 한 매체의 신문만 읽다 보면 시각이 좁아질 수밖에 없다. 세상을 균형 잡힌 시선으로 보고자 다른 성향의 매체도 찾아 읽었다.

 지금은 신문 구독을 하지 않고도 온라인에서 다양한 성향의 매체를 접할 수 있어 공부하기에 좋다. 100일 번역마늘 프로젝트에서는 보수 성향의 신문과 진보 성향의 신문을 하나씩 선택해 주 교재로 삼고, 중간중간 비주류 매체도 보조로 봤다.

주류 매체의 오피니언이 좀 더 잘 읽히고 요점 파악도 쉬워 요약하는 데 시간이 적게 걸린다. 비주류 매체는 색다른 관점과 전문적인 시각을 접할 수 있어서 좋다. 딱딱한 사설이 질리면 영화 전문지 〈씨네21〉의 영화, 도서, 드라마 리뷰를 필사하면서 숨을 골랐다.

외국어 공부 필살기, 통째로 외우기

앞에서 설명했듯 저는 입시 공부를 시작할 때 고급 중국어를 구사할 수 있는 수준이 아니었습니다. 그렇다면 어떻게 중국어 실력을 쌓아서 대학원에 합격할 수 있었을까요? 의외로 그 방법은 아주 단순하고 무식합니다. 처음에는 고통스럽지만 하루하루 성실히 채워나가다 보면 자신도 깨닫지 못하는 사이에 실력이 부쩍 상승하게 되는 그 공부는 바로 외우기입니다. 흔히 이 방법을 '뻬이(背)'라고 부릅니다.

아침에 학원에 가면 수강생들은 제일 먼저 프런트 데스크 앞에 수북이 쌓인 프린트물을 한 장씩 가져가 여기저기에 홀로 앉아 중얼중얼거리며 외웠습니다. 지금도 통번역 대학원 입시 학원에 가 보면 빈 강의실, 혹은 로비 창가 앞에 저마다 앉아 중얼중얼거리며 무언가를 외우는 수강생들의 모습을 볼 수 있을 거예요. 프린트물 내용은 중국 신문사 인민일보의 인터넷판인 '인민망(人民网)'의 국제 뉴스 칼럼이 주가 되었습니다. 수업이 시작하기 전까지 내용을 달달 외운 후, 수업 때 제대로 외웠는지 앞에 나가 발표를 하며 점검을 받았습니다.

처음 이 프린트물을 봤을 때 정말 막막했습니다. 그 전까지 무언가를 외우려고 노력했던 적이 없었거든요. 안 하던 짓을, 그것도 중국어로 하려니 보통 어려운 게 아니었어요. 게다가 수많은 사람들 앞에서 외운 내용을 발표까지 해야 하다니, 공포가 엄습해 왔죠. 막상 뻬이를 시작해 보니 문제는 발표가 아니었습니다. 제가 부딪쳤던 난관은 대체로 다음과 같았어요.

첫째, 단어 찾느라 하루가 다 흘러갔어요. 한 문장이라도 단어를 찾아보지 않고 넘어갈 수 있는 문장이 없었죠. 병음이라도 아는 단어면 수월하게 찾을 수 있겠는데 병음이 뭔지 짐작도 가지 않는 단어들이 더 많았습니다. 그래서 당시 사용하던 전자사전에 모르는 한자를 한 획씩 정성껏 그린 후에야 단어의 정체를 알 수 있었습니다.

둘째, 한번에 잘 외워지지 않았습니다. 원래 무언가를

외우던 버릇이 없어 기억력이 좋지 않은 편이었는데 억지로 뭔가를 외우자니 보통 힘든 게 아니었습니다. 한 문장을 외우고 그 다음 문장을 외우면 다시 앞 문장을 까먹고, 첫 문장을 다시 외우면 그 다음 문장을 까먹는 악순환이 반복되었죠. 이렇게 첫째, 둘째 문장과 싸우다 보면 하루가 다 지나가 버리더군요. 정말 절망적이었습니다.

셋째, 성조와 발음을 함께 외워야 했어요. 수강생과 선생님 앞에서 외운 내용을 발표해야 하는데 내용도 중요하지만, 성조와 발음도 잘 지켜야 했습니다. 저는 중국어 기본 실력이 부족했던 터라 성조와 발음까지 처음부터 다 다시 익혀야 했습니다. 정말 어려운 점이 한두 가지가 아니었죠.

이렇게 여러 가지 어려움과 싸우며 뻬이를 발표해야 하는 운명의 첫째 날을 맞이했습니다. 나름대로 열심히 외웠지만, 역시 잘되지 않더군요. 겨우겨우 외운 첫 문장과 둘째 문장을 어버버 하며 더듬고 있으니 선생님이 그만 들어가라고 하셨죠. 저를 바라보던 수강생들의 눈빛도 기억납니다. 그들은 절대로 절 비웃지 않았겠지만, 저에 대한 실망감과 열등감과 분노에 사로잡혀 모두가 나를 비웃는 듯 느껴졌었어요. 그렇게 참담한 심정으로 자리에 앉으면 또다시 저를 멍하게 하는 노트테이킹과 메모리 수업이 시작

신노을

됐죠.

　그날도 집에 돌아가 밤늦게까지 첫 번째 문장과 싸우다가 결국엔 눈물을 터뜨리고 말았습니다. 다른 수강생들과 너무 비교가 되었기 때문이에요. 다들 아침에 학원에 오자마자 프린트물을 30분 내지 1시간 만에 가뿐히 외워 줄줄 읊었고, 노트테이킹은 물론 메모리까지 일사천리로 막힘없이 해냈어요. 하루에 학원에서 나눠 주는 자료 2~3장을 소화하고 거기에다가 스터디 파트너와 함께 공부하는 스터디 자료까지 합치면 하루에 3~4장은 소화할 텐데 저는 이 문장 하나를 어쩌지 못하고 하루 종일 외우고 있으니 정말 처지가 답답하고 한심하게 느껴질 수밖에 없었죠. 눈물을 한껏 흘리고 난 뒤에 결심했습니다. '지금의 나는 노트테이킹도, 메모리도, 번역도 할 실력이 안 된다. 잘 외워지지 않아도 외우는 건 노력으로 할 수 있으니 외우는 것만이라도 하는 데까지 최선을 다해 보자.'

　그래서 비록 글 한 편을 다 외우지는 못하더라도 수업 시간 전까지 외울 수 있는 분량만큼 외우고 발표하자고 다짐했습니다. 지명을 받았을 때도 거부하지 말고 외운 데까지만 발표해 보자는 원칙을 세우고 공부를 시작했습니다. 프린트물은 저녁때쯤 배포가 됐는데 저는 다음날 아침부터 외우면 시간이 부족하기 때문에 저녁때부터 뻬이용 프린트물만 열심히 파고들며 집중 공략했습니다.

그렇게 무식하게 매일 외우다 보니 외울 수 있는 분량이 점점 늘어났고 외우는 데 필요한 시간도 점차 줄었습니다. 발표하는 분량도 1~3문장에서 한 문단으로 늘어났고, 막판에는 30분 만에 한 장의 내용을 훑어보고 내 표현으로 바꾸어 말할 수 있는 경지까지 올랐습니다. 노력은 거짓말을 하지 않는다는 진리를 몸소 깨우쳤죠.

뻬이에는 별다른 비결이 없었습니다. 그저 성실하고 무식하게 꾸준히 외우기만 하면 됐고, 그러다 보니 중국어 실력이 저도 깨닫지 못하는 사이에 천천히 상승 곡선을 그리며 향상되어 가더군요.

뻬이를 하면서 얻은 효과는 다음과 같습니다.

1. 어휘력 향상

말 그대로 글 한 편을 통째로 외우다 보니 군사, 정치, 경제, 국제 뉴스 등 모든 시사 분야의 수준 높은 단어들을 섭렵할 수 있었습니다. 문장도 함께 외우므로 단어가 어디서 어떻게 쓰이는지도 익힐 수 있으니 일석이조였죠.

신노을

2. 중국어 표현력 향상

하루하루 외웠던 내용들이 머릿속에 차곡차곡 쌓여 갔고, 한-중 번역이나 한-중 메모리를 할 때 구사할 수 있는 중국어 표현이 더욱 다양해지고 수준이 높아졌습니다.

3. 성조와 발음 교정

성조와 발음을 익히기 위해 글자 한 자 한 자에 모두 성조 표시를 해 놓고 성조와 함께 문장을 외웠고, 외운 내용을 녹음하면서 발음을 확인하기도 했습니다.

통번역 대학원 입시를 시작한 처음 1년 동안은 이렇게 삐에이에만 매달렸습니다. 그 결과, 재수를 하던 2년째에는 남들만큼 노트테이킹과 메모리, 번역 등을 해낼 수 있게 되었죠.

노력은 배신하지 않는다

앞서 얘기한 모든 과정을 거의 2년 간 성실하게 반복했습니다. 비슷한 내용의 한국 기사와 중국 기사를 매일 접하고 외우고 한-중, 또는 중-한으로 변환하는 훈련을 반복하니 번역과 통역에 대한 감이 생기더군요. 하루하루 서두르지 않고 차근차근 기초를 쌓아 얻은 자연스러운 결과였지요. 외우기를 통해 단어와 문장 구조, 중국식 표현을 흡수하고, 흡수한 어휘를 한국어 표현과 대조하면서 말과 글로 표현하는 훈련을 반복하며 저는 점점 자유로워졌습니다. 예전보다 많은 내용을 노트테이킹 할 수 있었고, 비문 없이 사람들 앞에서 발표할 수 있었습니다. 번역 수업 때도 한국 기사를 보면 사용할 수 있는 중국어 표현들이 절묘하게 떠올랐습니다. 저는 그것들을 하나

신노을

하나 차곡차곡 정리해서 종이 위에 새겨 넣기만 하면 됐죠.

죽어라 노력한 끝에 드디어 대학원에 합격했습니다. 지금도 온라인 합격 확인 페이지에 수험번호를 입력하고 조회 버튼을 클릭하던 순간이 어제 일처럼 생생하게 떠오릅니다. 화면에 합격이라는 두 글자가 뜨는 순간 주체할 수 없는 뜨거운 눈물이 흘러내렸습니다. 원하는 것을 얻기 위해 그토록 간절히 노력했던 것도 처음이었고, 노력한 만큼 결실을 얻은 것도 처음이었습니다.

제가 번역가가 되어야겠다고 생각한 이유는 당시 느꼈던 자유에 대한 기억 때문입니다. 자유롭게 단어와 표현을 재조합하고, 종이 위에 새겨진 결과물을 확인하는 모든 과정에서 살아 있음을 느꼈습니다. 이것이야말로 내가 해야 할 일이라고 느꼈던 시간이었죠. 지금까지 하고 싶은 일은 많았지만, 그 일들은 제가 노력한다고 얻을 수 있는 것들이 아니었습니다. 노력할수록 헛수고처럼 느껴지고 꿈에서 멀어지는 기분뿐이었으므로, 항상 좌절하고 괴로워했죠. 하지만 번역은 달랐습니다. 노력한 만큼 결실을 맺었고, 더 자유로워졌습니다.

신노을　　　　　　　　・・・

전화드렸는데...때를 미...
아무리 생각해도 누군가의 벌거벗은 몸에 손...것 같다. 지금도 나는 종종...
가 아니라 누군가가 했던 일은 나 역시 거의 해본 것 같다. 지금도 나는 종종...
고 후 이요가 했던 일은 나 역시 거의 살기도 했다. 지금도 나는 종종...
갔고, 또 다른 나라에서는 꽤 오래 살기도 했다. ...사실을 알지 못...
밀)(1996)의 여소군과 이요의 대사를 떠올린다.
우리는 실패했어. 그래 우리는 실패했지.
그들도 나도 그때는 삶이 망함으로 점철되어 있다는...그것은 정...
다. 상상할 수도 없었다.
지금은 내가 매일 망해가고 있다는 것을 안다. 그리고 그것은 정...
하지도, 슬프지도 않다. 망해봐야 아는 게 인생이고 사랑이...

이지 소설가. 2015년 〈한국일보〉 신춘문예로 데뷔. 2016년 중...
...지으로는 〈담배를 든 루스〉가 있다.

♥ ◯ ◿　　　　　　　　🔖

♥ thelinebooks님 외 10명
#중국어 #100일번역 #씨네21칼럼 #이지 #번역 #마지막한마디 #첨밀밀

인생을 배우는 칼럼 필사

오늘은 영화 〈첨밀밀〉에 관해 소설가 '이지'가 쓴 칼럼을 필사했다. 칼럼의 마지막 한 마디가 내 가슴을 울렸다.

"지금은 내가 매일 망해 가고 있다는 것을 안다.
그리고 그것은 전혀 이상하지도, 슬프지도 않다.
망해 봐야 아는 게 인생이고 사랑이니까."
–〈씨네21 칼럼 by 이지〉 중

이 문장을 읽고 한동안 멍하니 천장만 바라봤다. 그동안 많이 망해 본 사람으로서, 지금도 망해 가고 있는 사람으로서 깊이 공감이 됐다. 망하고 망했던 삶의 퍼즐 조각이 차곡차곡 쌓여서 언젠가는 아름다운 그림을 완성할 수 있을 거라 믿어 본다.

슬럼프 끝에 찾아온 출판번역 기회

대학원에 입학한 후에도 계속 실력을 갈고 닦아야 했지만, 삶의 모든 에너지를 2년 동안 한꺼번에 쏟아부어서인지 의욕이 없었습니다. 또, 막상 입학하고 나니 앞으로 어떻게 해야 할지 감이 잡히지 않았죠. 정말로 되고 싶은 건 번역가였지만, 진입 문턱이 너무 높고 길도 좁아 보였습니다. 그렇다고 현실과 타협하여 취업을 하자니 내키지 않았죠. 명확한 목표 없이 갈팡질팡하며 무의미하게 대학원 생활을 흘려보냈습니다. 블랙홀이 끌어당기는 것처럼 무기력한 삶에서 헤어나올 수 없었죠.

졸업이 임박했을 무렵에는 결국 먹고살 길이 막막해서 어쩔 수 없이 여기저기에 부랴부랴 이력서를 넣을 수밖에 없었습니다. 수많은 기업에 이력서를 넣어도 연락 오는 곳

신노을

은 별로 없었습니다. 서류 심사를 통과한 기업에서도 면접 후에는 연락이 없었죠. 눈을 낮춰 지원을 해 봐도 상황은 마찬가지였습니다. 계속되는 탈락에 저는 공포를 느끼고 주저앉아 울었습니다. 이력서를 쓰는 것 자체가 고문이었죠.

이후로는 생계를 위해 하루 벌어서 하루 먹고 사는 옹색한 날들이 이어졌습니다. 지인에게 부탁해 일을 받기도 했고, 대학원 선배들에게 일감을 받기도 했지만, 의뢰가 꾸준히 이어지지는 않았습니다. 번역가로 데뷔할 기회가 있지 않을까 하여 번역 에이전시에 상근 번역직으로 입사했지만, 처음에 약속했던 것과 달리 번역 기회는 주어지지 않았습니다. 대부분이 경리 업무였죠. 게다가 월급도 제때에 지급되지 않았고, 자금이 들어오면 남자 직원들에게 우선적으로 급여를 지급하는 만행을 부리기도 했습니다. 참다 참다 노동청에 신고하겠다고 으름장을 놓고는 뛰쳐나왔습니다.

'내 인생은 왜 풀리는 일 하나 없이 항상 이런 식일까?'라는 생각에 지독한 열등감에 시달렸어요. 우울한 마음을 달래려고 야구장에 갔는데 좋아하는 야구 팀조차 항상 꼴찌에서 벗어나지 못했습니다. 어느 날은 응원하는 팀의 투수가 만루 홈런을 맞더군요. 동질감을 느끼며 머리털을 쥐어 뜨고 있자니, 그 순간 밀린 월급이 입금됐다는 알람이 떴습니다. 참 인생이 시트콤 같다 싶었죠.

출판사에 다니던 대학원 동기 언니의 추천으로 출판사 면접을 보기도 했습니다. 하지만 출판사 주간이 최신 출판 동향을 물었을 때 저는 제대로 답변하지 못했습니다. 최근 한국에서 떠오르는 중국 작가가 누구인지 물었을 때도 대답할 수 없었죠. 정말로 번역가가 될 생각이 있는 거냐는 쓰디쓴 핀잔만 되돌아왔습니다.

생계를 위해 싼값에 닥치는 대로 쪽번역을 하는 생활이 이어졌습니다. 정기적인 수입을 얻고자 게임 회사에서 번역 아르바이트를 하기도 했습니다. 그렇게 연이 닿은 게임 회사에서 운 좋게 정직원으로 채용돼 잠시 경제적인 안정을 얻었습니다. 생활이 편해지자, 그때서야 이루지 못한 번역가의 꿈이 새록새록 떠올랐죠. 회사에서 요구하는 게임 기획 일에는 도저히 마음을 붙일 수가 없었습니다.

마음에도 없는 일을 억지로 하고 있자니 꿈을 이루어야 겠다는 생각이 그 어느 때보다 간절해지더군요. 매월 일정한 수입이 통장에 꼬박꼬박 들어와 생활은 안정됐지만, 정신은 점점 피폐해져 갔습니다. 1년 후 저는 결국 퇴사를 선택했습니다. 잘리기 전에 스스로 나왔다는 표현이 더 적당

신노을

하겠네요. 영혼이 가난한 월급쟁이가 되느냐, 배고픈 번역가가 되느냐 하는 갈림길에서 배고파도 마음이 가는 일을 하면서 살아야겠다고 결심을 굳혔습니다.

퇴사와 함께 노력 없이 불평만 일삼는 철없는 지난 날과도 작별했습니다. 목표가 명확해지자 현실적인 방법을 찾아 적극적으로 길을 모색할 수 있었죠. 가장 먼저 착수한 일은 프리랜서 번역가로 살아가는 데 가장 큰 장애가 될 경제적인 문제를 해결하는 것이었습니다. 불규칙적인 수입이 주는 정신적인 스트레스와 불안정한 생활을 극복하기 위해 번역과 병행할 수 있는 재택 업무를 찾았습니다. 매일 취업 정보를 부지런히 찾아본 끝에 중국 IT 산업 뉴스를 분석하고 주요 내용을 번역하는 모니터링 프리랜서 자리를 찾았습니다. 덕분에 안정적으로 수입을 얻으면서 번역을 병행할 수 있었죠.

그렇게 흩어진 삶의 퍼즐을 천천히 맞추며 꿈을 추스르고 있을 무렵, 대학원 선배의 제안을 받아 중화권 출판 저작권 에이전시에 들어갔습니다. 중화권 신인 번역가나 번역가 지망생들이 자신이 번역하고 싶은 중화권 도서를 선정하여 작성한 검토서를 모아 일주일에 한 번씩 출판사에 발송하고, 출판사 측에서 출간 의사를 밝히면 에이전시가 해당 책의 검토서를 작성한 번역가와 번역 계약을 주선하는 시스템이었습니다. 당장 데뷔하겠다는 욕심은 버리고 천천히 책 보는 눈을 키우며 기회를 기다려 보자는 마음가짐으로 임했는데, 시작한 지 얼마 안 되어 한 출판사에서 연락이 왔습니다. 드디어 바라던 기회가 온 것입니다. 편집자를 만나 계약서에 도장을 찍고, 번역할 원서를 받고, 저작권을 가진 출판사의 담당자와 메일을 주고받으면서 출판번역가로 첫 발을 내딛게 됐다는 생각에 가슴이 두근두근거렸죠.

신노을

내 실력을 객관적으로 파악하기

그토록 꿈에 그리던 출판번역을 시작했지만, 기대와 달리 꽃길 대신 고생길이 펼쳐졌습니다. 노력 없이 세월을 흘려보낸 만큼 번역에 대한 감각도 사라졌기 때문이죠. 생계를 위해 번역을 계속 하긴 했지만, 대부분 딱딱한 기술 문서였고 정해진 양식이 있었기 때문에 단어만 바꾸어 끼워 넣기만 하면 됐었죠. 반면, 책 번역은 달랐습니다. 원문을 빠르고 정확하게 해석해 정제된 한국어 문장으로 옮기는 동시에, 가독성까지 따져야 했으니까요. 소설 번역은 아니었지만 문학적 감성도 필요했습니다. 모두 하루아침에 뚝딱하고 쌓아 올릴 수 없는 소양이죠.

모든 것이 어려웠지만, 가장 힘들게 느껴졌던 건 한국어 표현이었어요. 자연스러운 한국어 표현이라고 생각했던 것 중에 알고 보면 영어식 표현이 많았거든요. 예를 들어 '佛教虽然历史极其悠久'라는 문장을 '불교는 오랜 역사를 가지고 있지만'이라고 번역했더니, 편집자가 영어식 표현이라고 지적을 했죠. '불교는 역사가 매우 오래 되었지만'이라고 수정했습니다. 역사는 가질 수 있는 물건이 아니므로 '역사를 가지다'란 표현이 어색한 거죠. '역사가 매우 오래 되었다'처럼 '주어 + 부사 + 서술어' 형태의 문장이 좀 더 한국어답다는 걸 뒤늦게 알았습니다. 한국어는 서술어가 발달한 언어입니다. 긴 수식어가 명사를 수식하는 형태의 문장보다는 부사와 서술어의 조합이 더욱 자연스럽고 잘 읽히죠.

비슷한 한국어 표현을 반복해서 사용하는 것도 답답했습니다. 중국어의 의미를 제대로 전달할 수 있는 한국어 표현을 제대로 찾지 못해 종종 안개 속을 헤매는 기분이 들었죠. 특히 마땅한 서술어가 떠오르지 않을 때마다 변비에 걸린 것처럼 답답해하다가 결국 항상 쓰던 표현을 기계적으로 사용했습니다.

이 밖에도 문제가 너무 많았습니다. 제가 번역했던 책은 인문학 지식과 역사 지식이 있어야 이해하기 쉬운 종교 서적이었는데 관련 지식을 검색하고 확인하느라 너무 많은 시간이 들었어요. 생소한 분야의 서적이어서 모르는 중국어 단어도 많았죠.

어둠 속에서 손으로 더듬어 가며 물건을 찾듯이 서툴고 힘겹게 겨우 책 번역을 마쳤습니다. 평가는 냉정했습니다. 번역하는 내내 능력이 부족하다는 것을 스스로도 절실하게 깨달았기 때문에 예상했던 결과였죠. 제대로 준비도 되지 않은 상태에서 덜컥 기회부터 잡아서 번역가의 삶을 지속하지 못할까 두려웠습니다.

스스로 중국어 실력을 점검하고 문제점을 파악했지만, 어디서부터 다시 공부를 시작해야 할지 막막했습니다. 공부해야 할 것들이 산더미 같은데 실력을 빨리 쌓고 싶다는 욕심에 조급해졌답니다. 한 가지 책을 읽고 있으면 다 읽기도 전에 읽어야 할 다른 책이 생각났고, 그런 부담을 느끼다 보면 마음이 또 급해져서 원래 읽던 책이 눈에 들어오지 않았습니다. 체계적으로 공부 계획을 세워야겠다는 생각이 절실해졌죠.

신노을　　　　　　　　　　　●●●

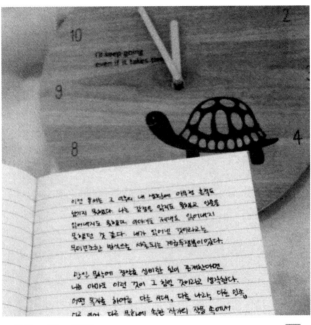

♥ thelinebooks님 외 10명
#중국어 #100일번역 #허삼관매혈기 #사람의목소리는빛보다멀리간다
#문화대혁명 #중국드라마 #중국영화

〈사람의 목소리는 빛보다 멀리 간다〉 읽기

중국 드라마나 영화를 좋아해서 재미있게 공부하는 이들이 많다. 그들은 취미로 중국 문화 콘텐츠를 즐기며 자연스럽게 중국어에 빠져들지만, 나는 중국어를 먹고살기 위한 수단으로밖에 생각하지 못하는 생계형 중국어 학습자였다. 그래서 중국어를 공부하는 게 힘겨웠다. 그런 나도 단숨에 읽은 중국어 원서가 위화(余华)의 〈허삼관매혈기〉다. 울기도 하고 웃기도 하면서 정신없이 빠져들어 읽었다. 위화의 작품을 읽으며 느꼈던 흡입력을 잊지 못해, 100일 번역마늘 프로젝트 스터디 교재로 위화의 에세이를 선택했다.

"베이징 대학 학생들이 교정에 있는 나뭇잎을 전부 먹어 치웠던 것처럼 나의 독서는 우리 마을 도서관에 있는 나뭇잎보다 더 먹기 거북한 소설들을 전부 먹어 치웠다."
–〈사람의 목소리는 빛보다 멀리 간다〉 중

위화의 활자에 대한 갈급함이 가장 잘 느껴진 대목이다. 문화대혁명 시기에 사생활을 폭로하는 대자보를 탐독하며 성적 호기심을 키웠다는 에피소드도 기억에 남는다.

100일 공부의 핵심은 실천

무엇이 부족한지 절실하게 느끼기
는 했지만, 어디서부터 다시 시작해야 할지 막막했습니다.
가장 시급한 게 배경지식 쌓기라고 생각하고 독서 목록부
터 작성했어요. 읽고 싶어서 샀지만 바쁘다는 핑계로 쌓아
두기만 했던 책과 베스트셀러 순위에 올라 궁금해서 새로
구입한 책, 읽은 지 너무 오래되어 전자책으로 새로 구입한
책을 목록에 올렸죠. 결과부터 말하면, 이 목록대로 끝까
지 독서를 하지 못했습니다. 재미없는 책은 읽다 말았고,
분량이 너무 긴 장편 소설은 도중에 바쁜 일이 생기면 읽기
를 중단하는 바람에 맥이 끊겨 버렸죠. 재미있게 술술 읽히
는 책은 끝까지 읽었지만 지적 호기심을 충족하는 취미에
그치고 깊이 있게 읽지는 못했어요. 수박 겉핥기식 독서로

신노을

는 부족한 점을 채울 수 없을 것 같았어요.

　책 내용을 좀 더 머릿속에 담고 싶어 필사 계획을 세웠습니다. 일단 분량이 짧아 쉽게 성취감을 느낄 수 있으며 저작권이 만료되어 가격이 저렴한 한국 고전 단편 소설을 골랐어요. 일주일에 작품 한 편을 목표로 필사 계획을 세웠지만, 도중에 포기하고 말았습니다. 이유를 곰곰이 생각해 봤죠. '왜 나는 계획을 세워 놓고도 공부를 하지 않을까?' 간절함이 부족했습니다. 통번역 대학원 입시를 준비할 때는 '시험'이라는 분명한 목표가 있었지만, '번역 실력 쌓기'라는 목표는 다소 모호했거든요. '한 달 완성' 이런 광고 문구처럼 공부 기간이 정해진 것도 아니었으니까요. 얼마나 공부해야 '번역을 잘한다'라고 말할 수 있을지 기준도 명확하지 않았어요. 번역가로서 실력을 더 탄탄하게 다져야 한다고 생각하면서도 동력이 부족했던 거죠. 저는 동력 없이 무언가를 추진할 만큼 의지력이 강하거나 계획적인 인간은 아니었습니다. 그래서 100일 번역마늘 프로젝트를 시작하기로 결심했죠.

　100일 번역마늘 프로젝트는 100일 동안 매일 과제를 해서 노트에 정리해 인증샷을 찍어 게시판에 올립니다. 혼자 공부하면 누가 감시하는 사람이 없으니 쉽게 포기하게 되는데, 공개적인 게시판에 과제를 올리니 의무감이 생길 것 같았죠. 100일 프로젝트를 하면서 번역 실력도 다지고 공부하는 습관도 만들자 싶었습니다. 하고 싶은 공부와 해야 하는 공부, 읽고 싶은 책과 읽어야 하는 책은 참 많지만, 머릿속으로만 생각하고 막상 실천을 못 했거든요.

제대로 실천을 하려면 강제성도 필요하지만 체계적이고 구체적인 계획표도 빼놓을 수 없습니다. 그날그날 즉흥적으로 하고 싶은 공부를 한다고 하면 흐지부지되기 쉽죠. 이것 조금 건들다가 지루하면 그만두고, 저것 조금 건들다가 그만두길 반복하게 되니까요.

저한테 가장 시급한 공부를 선별하고 스스로 교재를 선택해 과제를 할 날짜까지 세세하게 표로 작성했습니다. 일정표를 프린트해서 옆에 붙여 두고 매일 들여다보며 실천하는 거죠. 통번역 대학원 입시 준비를 하면서 했던 공부 방법을 접목해서 저만의 계획표를 만들었습니다. 한 가지 주제만 가지고 100일 내내 공부하려면 지루해질 테니, 20일씩 5단계로 구분해서 교재와 공부 방식을 달리했습니다.

신노을

1단계. 한국어 실력 다지기

제가 번역하면서 가장 부족함을 느꼈던 부분입니다. 맞춤법과 띄어쓰기도 문제였지만 가장 빈약했던 부분은 작문 실력과 논리력이었습니다. 인터넷에서 낚시성 신문기사나 짤막한 유머 글, 혹은 가볍게 흘려 보는 영상들만 자주 본 탓이죠. 그래서 통번역 대학원 입시 준비 시절 논리력을 향상시키는 데 큰 도움이 됐던 한-한 메모리에서 영감을 얻어 신문기사 요약하기를 20일 동안 하기로 했습니다.

2단계. 중국을 이해하기 위한 독서

번역을 하다 보면 어떤 분야든 중국의 고전을 인용한 내용을 자주 만나게 됩니다. 한국과 다른 중국 고유의 사회적 이슈들도 종종 접하게 되고요. 제대로 번역하려면 텍스트를 잘 이해해야 하고, 잘 이해하기 위해서는 인터넷을 검색하거나 참고 서적을 찾아봐야 합니다. 중국 역사는 물론, 문화와 시사 상식을 공부해 두면 번역 시간도 줄일 수 있을 거라 생각했어요.

중국과의 역사적, 물리적 거리를 좁힐 수 있는 가장 좋은 방법은 독서죠. 그래서 '중국을 이해하기 위한 독서'를 계획표에 넣었습니다. 우선 욕심 부리지 않고 재미있게 읽을 수 있는 책을 골랐어요. 처음부터 어렵고 두꺼운 중국 고전에 덤벼들었다가는 또 금방 넉다운될 수 있으니까요. 그래서 〈허삼관매혈기〉로 유명한 작가 위화의 〈사람의 목소리는 빛보다 멀리 간다〉와 〈우리는 거대한 차이 속에 살고 있다〉를 골랐습니다.

3단계. 시사 중국어 공부하기

시사 상식도 쌓고 한중 번역을 대비해 중국어 문장 구성 능력을 키우기 위해 '문장 통째로 외우기'를 계획표에 넣었습니다. 가장 단순하고 무식하고 지루한 방법이지만 중국어 실력을 다지는 데 가장 효과적인 방법이기도 합니다. 하루이틀 하고 말면 별 효과가 없으므로 꾸준히 지속하는 게 관건이죠.

4단계. 문학적 감성 보충하기

통번역 대학원에서는 딱딱한 신문 기사나 뉴스, 기술 문서를 번역하는 공부를 주로 합니다. 그러다 보니 문학 감성이 필요한 에세이나, 구어체를 구사해야 하는 드라마를 번역할 때 난관에 부딪치기도 합니다. 문학 감성을 키

신노을

우고자 중국의 문예잡지 〈독자(读者)〉와 드라마 명대사 사이트에 게시되어 있는 명대사를 교재로 활용하기로 했습니다.

5단계. 시역하듯 번역해 보기

'시역(sight translation)'은 눈으로 텍스트를 보면서 동시에 입으로 해석하는 걸 말합니다. 통역할 때 필요한 순발력을 높이기 위한 공부 방법이죠. 중국어 칼럼과 한국어 칼럼을 하루씩 번갈아 가며 시역을 하기로 했습니다. 통역과 마찬가지로 번역도 속도가 관건인데요. 빠르게 직독직해를 하는 훈련에 적합합니다.

이렇게 공부 방법을 5단계로 나눈 뒤 현실적인 공부 분량을 정했습니다. 단시간 내에 빨리 실력을 쌓고 싶지만 한꺼번에 많은 분량을 공부하겠다고 욕심을 부리면 지속하기 힘들어집니다. 통번역 대학원 입시 준비를 할 때야 아침부터 저녁까지 공부에만 전념할 수 있는 상황이었지만, 이제는 틈틈이 번역을 하면서 공부를 해야 하니까요.

사실, 처음에는 의욕만 잔뜩 앞서서 실천하기 불가능한 계획을 세웠어요. 함께 공부를 하기로 한 동료들도 제 계획표를 보더니 고개를 절레절레 저었죠. 계획표대로라면 생업을 포기하고 하루 종일 공부에만 매달려야 했습니다. 그래서 다시 정신을 차리고 하루에 30분만 투자하면 할 수 있는 분량으로 수정했습니다. 하루에 30분쯤은 아무리 바쁘더라도 충분히 할애할 수 있으니까요.

요약하기의 힘

요약하기는 중국어 실력이 형편 없어 도저히 중국어 메모리 훈련을 따라갈 수 없던 시절에 메모리에 대한 감을 어떻게든 익히고자 임시방편으로 했던 한-한 메모리 훈련에서 착안했습니다. 메모리를 할 때 중요한 건 텍스트를 들으면서 순간적으로 글의 구조를 파악하는 것입니다. 문단의 앞뒤 문맥을 잘 파악하면, 중요한 내용을 기억하기도 쉬워지죠.

글솜씨가 뛰어난 사람의 글은 구조가 잘 파악돼서 번역하기도 쉽습니다. 글의 구조가 탄탄한 텍스트만 일감으로 받을 수 있다면 참 좋겠지만, 현실은 그렇지 못할 때가 더 많죠. 일감으로 받은 텍스트 중에는 글의 구조가 허술한 경우가 많습니다. 그래서 때로는 독자가 읽기 쉽도록 텍스트를 재배열하는 작업이 필요해요. 출판물이든 영상물이든 콘텐츠를 접하는 사람이 쉽게 이해할 수 있어야 하고, 재미를 느낄 수 있어야 하니까요.

요약하기를 매일 반복하다 보면 글의 구조를 빨리 파악할 수 있고, 훌륭한 저자의 글쓰기 습관을 몸에 익힐 수 있습니다. 중국어 독해 능력이 일정 수준에 올랐다면, 중국어를 공부하는 것도 물론 중요하지만 잘 다듬어진 한국어 텍스트도 많이 읽는 것이 좋습니다. 그런 생각에 100일 스터디 기간 중 요약하기에 가장 많은 노력과 열정을 쏟았죠. 그 무렵에 번역하던 책이 경영 서적이라 요약 스터디가 일에 큰 도움이 되었답니다.

A4용지 한 장 분량의 텍스트를 골라 읽고, 주요 내용을 복기하며 한 문단으로 요약했습니다. 주로 메이저 언론사의 사설을 스터디 텍스트로 선택했습니다. 짜임새 있게 잘 쓰인 글이 많았기 때문입니다.

책 〈스티븐 킹의 유혹하는 글쓰기〉에 '문단의 생김새'라는 표현이 나옵니다. 저는 요약을 하기 전에 문단의 생김새를 파악하려고 노력하는데요. 보통 밀접하게 연관된 여러 개의 문장이 모여서 한 문단을 이루고, 연관이 있는 여러 개의 문단이 모여서 한 편의 글을 구성하죠. 이 중에서

신노을

각 문단의 첫 줄을 주의 깊게 봅니다. 대개 문단의 대표 문장은 첫 줄에 있거든요. 그리고 첫 줄과 나머지 문장이 어떤 관계인지를 살펴봐요. 문장 간의 논리 구조가 뚜렷한 글일수록 요약하기가 쉬웠습니다.

메모리 훈련을 하다 보면 뒤의 내용이 생각이 안 나서 했던 말을 계속 반복하는 현상이 흔히 발생하는데요. 통번역 대학원 입시 준비를 할 때 이걸 가리켜 '백 트랙'이라고 했습니다.

"아, 진짜 백 트랙이 너무 심해."

스터디 파트너끼리 자주 이렇게 한탄했죠. 그래도 포기하지 않고 매일매일 꾸준히 연습하다 보니 조금씩 백 트랙 현상이 줄어들었습니다. 사설 요약 공부도 마찬가지예요. 방금 읽은 내용인데도 기억이 나지 않아 앞부분을 몇 번이고 다시 보면서 요약했는데요. 입으로 내뱉지 않을 뿐이지 뇌 속에서 백 트랙이 일어나고 있는 셈이죠.

요약하기를 20일 동안 지속하면서 백 트랙도 줄었고, 글의 요점을 파악하고 요약하는 데 드는 시간도 짧아졌습니다.

신노을

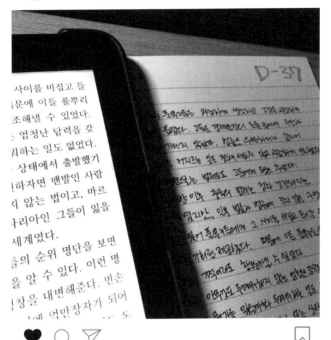

♥ thelinebooks님 외 10명
#중국어 #100일번역 #잼나요 #번역=운동 #습관

재미만 찾을 수 없다

난 재미없는 것은 잘 하지 않는다. 영화도, 만화도, 책도 재미있는 것만 골라서 본다. 공부도 마찬가지다. 흥미가 있어야 지속할 수 있다. 하지만 번역을 직업으로 삼고 나니 재미없는 글을 억지로 자세히 읽어야 할 때가 많아졌다. 쉽고 재미있는 것만 번역하겠다고 일을 가려서 받을 수 없기 때문이다. 외국어 공부도 처음에는 흥미 위주로 가볍게 시작할 수 있지만, 전문가 수준으로 잘하고 싶다면 '하고 싶은 공부'와 '해야만 하는 공부'를 함께 해야 한다. 관심 없는 분야도 꾸준히 접하다 보면 없던 흥미가 생기기도 하고 새로운 지식이 쌓이면서 몰랐던 재미를 느끼기도 한다. 외국어와 번역 능력도 운동처럼 근육을 만들려면 힘들어도 오랜 시간을 반복하며 지속해야 한다. 매일 10분씩만 운동을 하면 '그래도 운동을 했다'며 위안을 삼을 수는 있지만 몸에 근육은 생기지 않는다. 운동이 습관이 되고 근육이 생기면 그때부터 진정한 운동의 재미를 느낄 수 있다.

일과 공부를 병행하는 어려움

'중국을 이해하기 위한 독서' 과제를 시작할 무렵, 번역 마감과 씨름해야 했습니다. 엄청난 분량의 경영 서적을 번역해야 해서 밥 먹을 시간도 부족할 만큼 마감에 쫓기게 되었죠. 그래도 100일 번역마늘 프로젝트는 계속했습니다. 슬쩍 공부를 건너뛸까 하는 유혹이 시시때때로 들었지만 이대로 또 포기하면 다시 제자리로 돌아갈 것 같았어요. 번역 마감에 시달리던 두 달 내내 초조했습니다. 번역 일정은 밀렸고 달력을 보면 시간이 너무 부족한 것 같아서 자꾸만 100일 번역마늘 프로젝트를 중단하고 싶은 유혹이 들었죠.

그럴 때마다 차분히 생각했습니다. 정말 하루 30분도 못 낼 만큼 정신없이 바쁜가? 산책을 하거나 운동을 할 여유도 없이 거의 집안에 갇혀 일을 했지만, 마음만 먹으면 30분 정도는 충분히 시간을 낼 수 있었어요. 바쁠수록 돌아가라는 말이 있잖아요. 서두른다고 머릿속에서 좋은 문장이 술술 나오는 것도 아니었어요. 조급증이 들면 노트를 펼치고 필사를 했습니다. 손을 움직여 한 문장 한 문장 써나가다 보면 마음이 차분해졌어요.

번역을 하면 할수록 실력이 부족한 게 느껴져서 공부에서 손을 놓을 수가 없었답니다. 매일 조금씩이라도 책을 읽고, 다양한 표현을 접하고, 생각을 하면서 문장력을 키워나가야 내공이 생기고 번역 속도도 빨라지니까요. 당장 바쁘다고 공부를 하지 않으면 다음에 일할 때도 똑같이 한계에 부딪쳐 실력이 부족하다고 한탄하겠죠. 번역가로 입문을 한다고 번역 실력이 저절로 좋아지는 게 아니란 걸 깨닫고 나니, 마감에 쫓기는 상황에서도 공부를 지속할 수 있었답니다.

몸이 기억하는 아날로그 공부법

90년대 개인용 컴퓨터가 가정으로 보급되면서 저는 컴퓨터에 서서히 길들여졌습니다. 아무도 캠코더를 사용하지 않을 때 캠코더로 가족의 모습을 기록했던 얼리어답터 아버지 덕분에 다른 사람들보다 일찍 컴퓨터를 사용하기 시작했죠. 첫 컴퓨터는 당시 보기 드물었던 컬러 286 PC였습니다.

덕분에 키보드 타이핑도 일찍 배울 수 있었죠. 10대 시절 또래 친구들이 어떻게 하면 예쁘게 필기할까 고민할 때도 저는 그런 것에는 관심이 없었습니다. 어쩌다 글씨 좀 예쁘게 써 볼까 마음을 먹어도 두세 줄도 못 쓰고 마구 휘갈기기 일쑤였죠. 문구류에도 관심이 없었습니다. 저에게 노트는 글씨가 쓰일 종이이고 펜은 글씨를 쓰는 도구일 뿐

신노을

이죠. 그래서 디자인보다는 실용성에 중점을 두고 고르는 편입니다. 그림이 있는 것보다는 심플한 것을 선호하죠. 그런 저에게 워드프로세서는 신이 내린 선물과도 같았습니다. 워드프로세서만 있으면 저 같은 악필이라도 남이 쉽게 알아볼 수 있는 문서를 작성할 수 있으니까요.

아무리 필기를 좋아하지 않는 저라도 대학원 입시를 준비할 때는 어쩔 수 없이 손으로 중국어를 써야 했어요. 번역문도 항상 손으로 써야 했죠. 학원 선생님과 동기들, 그리고 시험 감독자가 알아볼 수 있게 중국어를 쓰는 게 만만치 않았습니다. 번역을 잘했어도 보는 사람이 알아보지 못하면 평가를 받을 수 없고, 시험 감독자가 알아보지 못하면 입시에서 탈락할 테니까요. 손을 부들부들 떨면서도 남들이 알아볼 수 있게 글씨를 쓰려고 죽을힘을 다했답니다. 지금 생각하면 어떻게 그럴 수 있었나 신기할 정도예요.

대학원에 입학하면서부터는 넷북을 들고 다니며 문서 정리를 했고, 일하면서부터는 더더욱 손글씨를 쓸 일이 없었습니다. 모든 걸 컴퓨터로 입력하는 게 더 자연스러운 시대가 왔으니까요. 디지털 시대가 되면서 문서 작성뿐 아니라 모든 것을 전자 기기에 의존하게 됐습니다. 손으로 한 글자 한 글자 적어 가며 표현을 정리하는 대신 엑셀에 타이

핑하여 표현을 정리했어요. 에버노트, 원노트 등의 천재적인 온라인 노트가 등장한 이후로는 표현 정리뿐 아니라 중요한 모든 정보를 온라인 노트에 밀어 넣게 되었죠. 저장하고 싶은 중국어 표현을 복사하여 붙여 넣기만 하면 끝이니 쉽고 간편했어요. 게다가 컴퓨터, 태블릿, 스마트폰 등 인터넷이 연결되는 모든 기기에서 연동되어 언제 어디서나 수시로 입력한 정보를 확인할 수 있고, 키워드만 입력하면 즉시 원하는 내용을 검색할 수 있어서 자주 사용했답니다.

이렇게 모든 정보를 디지털화하여 입력하면 깔끔하고 힘이 덜 들기는 하지만, 정보가 뇌를 스쳐가기만 해서 기억하지 못한다는 단점이 있습니다. 손으로 한자를 써야 할 때면 어떤 글자인지는 어렴풋이 떠오르는데 구체적인 형태가 생각나지 않아 쓸 수가 없더라고요.

100일 번역마늘 프로젝트는 디지털 문명의 이기에 길들여진 저를 다시 고요한 아날로그 세계로 이끌어 주었습니다. 디지털 디바이스를 패스트푸드라고 한다면 펜과 종이는 슬로우푸드라 할 수 있죠. 그동안 전 패스트푸드를 즐기며 살았습니다. 빠르고 편리하고 간편하지만 머리에 남는 건 별로 없었어요. 필사를 하면서 슬로우푸드 즐기는 맛을 알아 갔답니다.

100일 습관의 힘

　　　　　　　　다른 일을 처리하다가 저녁 때가 되었는데 그만 100일 번역마늘 프로젝트 과제 하는 걸 깜박하고 말았습니다. 단 하루도 과제 하는 걸 잊은 적이 없었는데 뒤늦게 생각이 나서 아차 싶었어요. 강제성이 없었다면 '에이, 오늘은 하지 말아야지. 하루쯤은 뭐.' 하고 넘어갔을 수도 있었을 거예요.

　100일 번역마늘 프로젝트를 할 무렵에는 스트레스가 심했던 시기라 일하면서 공부하면서 홀로 술 한잔을 기울일 때가 많았죠. 취기가 올라올 때까지 마셨던 날도 있었는데, 취한 와중에도 공부 인증을 남겨야 한다는 강박관념에 공부를 강행하기도 했습니다. 술에서 깬 다음 날 카페 게시판에 업로드 된 사진을 보고 얼굴이 화끈거렸습니다. 글씨가 춤을 추듯 제멋대로 쓰여 있어 뭐라고 썼는지 알아보기도 힘들었거든요. 그래도 공부를 하는 게 습관이 되기는 한 모양이라고 느꼈습니다. 머리보다 몸이 먼저 기억해서 술에 취해도 공부를 하는 걸 보니 말이에요.

메이저리그의 전설적인 포수 요기 베라가 남긴 명언이 있죠. '끝날 때까지 끝난 게 아니다.' 한번은 야구 경기를 시청하며 요기 베라의 명언이 진리라는 사실을 절실히 느꼈습니다. A팀이 만루홈런 한 방으로 앞서가던 중 투수의 부진한 투구로 역전당한 후, 계속 실점하다가 야수들의 활약으로 동점이 되고 연장전 끝에 역전승하는 치열한 경기였죠.

제가 응원하는 구단은 2009년부터 꼴찌를 찍으며 하위권에 머물러 온 만년 꼴찌팀입니다. 오랜 시간 동안 하위권에서 벗어나지 못했지만, 끝까지 상대팀을 물고 늘어지기도 했고, 상대팀의 어이없는 실수로 불리한 전세를 뒤집을 때도 있습니다. 이 팀의 경기를 보며 '루저'라고 자책하던 어두운 시절을 견딜 수 있었죠. 앞서 말한 경기에서도 제가 응원하는 팀은 근성을 보여 줬지만, 계속 엎치락뒤치락하는 상황이 반복되어 긴장감을 견디지 못하고 채널을 돌려 버렸습니다. 결과는 승리였지만, 진짜 재미있는 장면은 다

놓쳐 버렸죠. 극도의 긴장감을 견디지 못하는 연약한 정신력이 야구 경기를 볼 때도 그대로 드러난 셈이에요.

어설펐던 사회 초년 시절부터 프리랜서 번역가로서 길을 닦고 있는 현재까지의 삶은 흐름을 예측할 수 없는 야구 경기를 지켜보는 것 같았습니다. 경기의 전반적인 흐름을 여유 있게 관망하지 못하고 위기가 닥칠 때마다 안절부절 못하며 스스로를 못살게 굴었죠. 1이닝, 2이닝... 그리고 9이닝이 마무리돼야 경기의 승패가 결정되듯, 나 자신의 삶도 인내심을 가지고 끈기 있게 지켜보며 과정을 즐기려고 합니다.

프리랜서로 번역을 하다 보면 일감이 몰리는 시기가 있는가 하면, 아예 없는 시기도 있습니다. 일이 몰릴 때는 일을 빨리 끝나기만을 손꼽아 기다리고, 일이 없을 때는 당장 내일 세상이 멸망할 것처럼 초조하죠. 영원히 일이 없을 수도 있으니까요. 이런 상황은 앞으로도 변함없이 계속될 거예요. 중요한 건 일이 잘 풀릴 때나 풀리지 않을 때나 조금씩이라도 그날그날 공부를 꾸준히 하며 내일의 일감을 오늘보다 더 잘 해낼 수 있는 실력을 쌓는 게 아닐까요?

막막한 내일과 형편없는 실력 앞에서 쉽게 포기해 버리는 무기력한 생활은 이제 다시는 반복하지 않으려 합니다.

앞으로 어떤 미래가 펼쳐질지는 아무도 모르죠. 운이 좋아 베스트셀러를 번역하게 될 수도 있고, 도태된 번역가가 되어 다른 길을 찾을 수도 있을 것입니다. 앞날을 예측할 수는 없지만, 100일 번역마늘 프로젝트를 끝마치고 나니 일이든 공부든 지속할 수 있는 힘과 자신감이 생겼습니다. 매일 배가 고파지면 밥을 먹듯이 공부도 습관처럼 자연스럽게 하면 덜 힘들 거예요. 외국어 공부는 '완성'이란 게 없습니다. 번역도 그렇고요. 정복할 수 있는 대상도 아니죠. 그저 매순간 최선을 다하며 작은 성취감을 느끼며 한 발 한 발 계속 나아갈 뿐입니다.

신노을

신노을　　　　　　　　　　　　•••

♥ thelinebooks님 외 10명

#중국어 #100일번역 #오답노트 #내일더나은나 #실패는성공의어머니

오답 노트 만들기

출판번역을 시작하면서 '오답 노트'를 만들었다. 수능 공부할 때 문제집을 풀고 틀린 답만 따로 정리하던 것에서 착안했다. 번역한 원고를 출판사에 보내면 편집자가 전체적으로 검토하며 교정교열을 한다. 나중에 수정본과 번역본을 비교하면서 어떻게 문장이 수정됐는지 분석해서 정리했다. 수정본을 보면 내 부족한 점이 적나라하게 드러나 얼굴이 화끈거렸다. 오답 노트를 작성하는 과정은 고통스럽지만 이후에 같은 실수를 반복하지 않으려면 그 과정을 건너뛸 수 없었다. 편집자처럼 내 문장을 수정해 주는 사람이 늘 곁에 있다면 좋겠지만, 혼자 공부를 하면 그러기가 쉽지 않다. 그럴 때는 원서와 번역서를 함께 구한 뒤 원서를 읽으며 직접 번역해 보고, 번역서와 비교하면 된다. 더 나은 내일을 위해 오늘의 문제를 외면하기보다는 용감하게 마주하는 사람이 되고 싶다.

PART 2
중국어 영상번역 공부법

임혜미

일곱 남매 중 막내. 자녀 모두에게 〈천자문〉과 〈명심보감〉을 직접 가르치실 정도로 한학(漢學)에 능한 아버지께 한글을 떼자마자 한문을 배웠지만 한문 성적은 일곱 중에 가장 낮았다. 귀로 들리는 소리에 매력을 느껴 중국어를 전공하고 번역가를 꿈꿨지만 방법을 몰라 10여 년간 다른 직업만 기웃거리다 뒤늦게 번역가의 길을 걷게 된 중국어 영상번역가. 중국 드라마 속 캐릭터의 매력에 빠져 매일 지루한 줄 모르고 번역을 한다.

중국어 영상번역가를 꿈꾸다

"어떻게 영상번역가가 됐어요?"

영상번역가로 데뷔한 직후에 사람들에게 많이 들은 질문입니다. 무슨 공부를 어떻게 했는지를 궁금해하는 게 아니라 '이렇게 하면 번역가가 될 수 있다'라는 답을 원하는 경우가 많았어요. 번역에 정답이 없는 것처럼 번역가가 되는 방법도 정해진 건 없습니다. 하지만 어떤 과정을 거치고, 어떤 노력을 했는지를 묻는다면 갓 잡은 생선처럼 팔딱팔딱 뛰는 경험담을 풀어놓을 수 있답니다.

'중국어'라고 하면 대부분 '어떻게 말할까?'에 집착합니다. 중국어 초급자든 중상급자든 주로 한국어에 대응하는 중국어 표현을 궁금해합니다. 중국어 실력은 HSK 성적표와 회화 능력만으로 증명할 수 있다고 생각하고요. 저도 HSK 성적표가 마치 중국어 교사 자격증이나 통번역사 자격증처럼 느껴졌습니다. HSK 점수가 높고 독해를 잘하면 번역도 저절로 잘하게 될 거라 믿었습니다. 번역을 따로 공부해야 할 필요성을 전혀 몰랐던 거죠.

막상 번역 공부를 시작해 보니 모든 게 제 착각이었습니다. 중국어는 기본, 한국어는 필수, 센스는 덤! 거기다 번역업계에 대한 정보도 수집해야 했습니다. 출판번역, 영상번역, 기술번역 등 분야에 따라 번역 기법도 다르고 번역가의 생활 패턴도 다르다는 걸 뒤늦게 알았죠.

외국어를 전공해 봤자 졸업하고 나면 외국어가 특기로 전락하는 경우가 다반사입니다. 전공과는 상관없는 직업을 찾기 일쑤죠. 저도 중국어를 전공했지만 어디까지나 '할 줄 아는 외국어'였을 뿐, 중국어 능력을 발휘할 기회가 적었습니다.

중국 전문 여행사, 중국 무역 회사, 리조트 관광객 통역, 중국어 방과후 교사까지 그동안 제가 경험했던 직업입니다. 이름만 보면 중국어에 파묻혀 살았을 것 같지만 중국어 언저리에서 맴돌았을 뿐, 중국어는 한 마디도 못 하고 오히려 영어 사전을 뒤적여야 했던 날이 더 많았죠. '내가 이러려고 중국어를 배웠나' 자괴감이 들기도 했습니다.

중국어를 전공하겠다고 결심한 이유는 단순했습니다. 여느 중국어 전공자들처럼 중국 배우를 좋아한 것도 아니었고 어쩔 수 없이 성적에 맞춘 것도 아니었죠. 한창 즐겨 보던 중국 드라마에서 들린 소리가 좋아서 알아듣고 싶었답니다. 화면에서 깜빡 하고 떴다 사라지는 한글 자막에 온 신경을 집중해서 보다 보면, 그 자막을 번역한 사람이 '중국어의 신'처럼 느껴지기까지 했습니다. 중국 드라마에 빠지기 시작하면서 자연스럽게 '언젠가 나도 드라마를 번역해 봐야지'라고 꿈꾸게 됐죠.

당시엔 '영상번역가'라는 직업도 몰랐고, 어떻게 해야 드라마를 번역할 수 있는지는 더더욱 몰랐습니다. 그저 통번역 대학원을 가야만 통역이나 번역을 할 수 있다고 생각했습니다. 하지만 대학원에 갈 형편이 못 돼서 일찌감치 꿈을 접었어요.

배고플 땐 음식이면 무조건 다 좋지만, 먹고살 걱정이 없어지면 분위기 좋은 곳에서 맛있는 음식을 먹길 꿈꾸는 게 사람이던가요. 직업도 있고 살림이 좀 나아지니 문득 접었던 꿈이 생각났습니다. 중국 드라마나 영화, 만화책과 소설을 보고 듣고 이해하는 데 무리가 없으니 번역도 어렵지 않겠다고 막연히 기대했죠. 하지만 학교를 졸업한 지

10년이나 지난 뒤 번역가에 도전하려니 쉽지 않았습니다. 대학원에 가지 않아도 번역가가 될 수 있다는 것만 알았지, 무엇부터 하면 좋을지 방법을 몰라 막막했답니다.

의욕만 앞섰던 초반에는 '번역'이라는 글자만 보면 겁 없이 덤벼들었죠. 무작정 원서를 펼치고 번역하겠다며 끙끙거리고, 번역 일감을 받겠다며 여기저기 이력서를 들이밀기도 했어요. 모든 일에는 순서가 있는 법이고 준비된 자에게 기회가 온다고 하죠. 일의 순서도 몰랐고 준비도 되어 있지 않았는데 무슨 용기로 그랬는지 지금 생각해 보면 아찔합니다.

여기저기 찔러 보다가 제대로 공부해 보고 싶어서 온라인 번역 스터디 카페인 '더라인 번역 오픈케어'에서 진행하는 '100일 번역마늘 프로젝트'에 참여했습니다. 처음엔 아무 준비도 없이 마구잡이로 덤벼들었다가 한 달도 못 버티고 포기했어요. 두 번째는 처음의 실패를 교훈 삼아 교재는 물론, 마음의 준비까지 단단히 하고 도전했죠. 일정표에 적힌 대로 매일 정해진 과제를 해서 게시판에 올렸습니다. 처음엔 일정표를 따라가기 급급했고 몇 번의 위기가 찾아왔지만 무사히 완주를 했습니다. 늘 의욕만 앞서고 제대로 마무리한 일이 없어서 자책만 했는데 100일을 버티고 나니 나도 할 수 있다는 자신감이 생겼답니다. 한번 성취감을 맛보니 앞으로 나아갈 원동력을 얻었습니다. 직접 계획표를 짜서 세 번째 100일 프로젝트에 도전했으니까요.

처음 마라탕(麻辣湯)을 먹던 날이 기억납니다. 마장(麻醬-땅콩소스)의 고소한 냄새와 누리끼리한 색감이 좋아서 겁도 없이 국물을 들이켰었죠. 입안을 온통 '마(麻-얼얼하다)'하고, '라(辣-맵다)'하게 만든 마라탕의 맛에 식겁해서 다 먹지도 못하고 내려놓았어요.

두 번째로 마라탕을 먹던 날엔 마치 도살장에 끌려가는 소처럼 억지로 자리에 앉았습니다. 정말이지 중국인 친구가 아니었다면 안 먹었을 겁니다. 첫경험이 강렬해서일까요? 좀처럼 젓가락을 들 수 없더군요. 심호흡을 크게 하고 침을 꼴깍 삼킨 후에야 비로소 먹을 수 있었습니다. 그날도 한 그릇을 다 먹지 못하고 일어섰지만, 무슨 영문인지 며칠 지나니 입안을 얼얼하게 만들면서 매운 듯 달콤한 듯 고소한 듯 독특한 그 맛이 생각나더라고요.

그렇게 홀린 듯 겁내면서도 찾아가 먹고, 후회하면서 또 먹었습니다. 먹다 보니 제 입맛에 맞게 마장과 채소의 양도 조절하게 되더라고요. 나중엔 제가 먼저 마라탕을 먹으러 가자고 말하는 경지에 도달했습니다. 마라탕의 맛에 중독

임혜미

된 거죠.

100일 번역마늘 프로젝트의 맛도 그랬습니다. 멋모르고 무작정 시작했을 땐 다 먹지 못한 마라탕처럼 얼마 못가 포기했지만 그 맛에 중독되어 도전하고, 또 도전하게 됐으니까요.

공부하기 싫어요!

　　　　　　　　　세상에 공부하는 걸 좋아하는 사람이 얼마나 있겠어요. 저는 지독히도 공부하길 싫어했습니다. 온갖 반대를 무릅쓰고 중국어 전공을 선택해 놓고 수업을 빼먹은 적도 많았어요. 학과 동기들이 소모임을 꾸려 가며 중국어 공부에 열을 올려도 무관심했어요. 무조건 달달 외우고 문법을 공부하는 것도 모자라 번체자와 주음부호(대만의 발음기호)까지 배워야 하는 게 정말 싫었거든요. 전공과는 상관없는 교양 과목까지 배워야 하는 것도 마음에 안 들었고요.

　결국 중국어만 배우겠다며, 잘 다니던 대학을 관두고 중국으로 떠났습니다. 중국만 가면 거짓말처럼 중국어가 터져 나올 줄 알았어요. 부모님은 그렇게 처음부터 일본어를

임혜미

전공하라고 하지 않았냐며 온갖 꾸지람을 하셨죠. 지금은 중국어 선택은 신의 한 수였다며 입이 마르도록 칭찬하시지만, 그때는 학비 전부를 스스로 충당하라고 단호하게 말씀하셨어요.

덕분에 아르바이트도 많이 했어요. 2002년 한일 월드컵 때 붉은 악마 티셔츠도 팔아 봤고, 더듬거리는 중국어로 단체 관광객의 보조 가이드도 했었죠. 그렇게 번 돈으로 중국에 가던 날, 비행기 안에서부터 얼마나 두근거리던지요.

드디어 시작된 중국 생활은 몸에 꼭 맞는 옷을 입은 것처럼 즐거웠습니다. 중국어 속에 푹 파묻혀 살며 여기저기 맘껏 돌아다녔어요. 음식은 왜 그리도 입에 잘 맞는 거죠? 고수는 두말할 것도 없고, 중국인도 잘 못 먹는다는 초두부(삭힌 두부)도 맛만 좋더라고요. 낮엔 학교에서 중국어 수업을 듣고, 저녁엔 공원에 나가 할머니 할아버지들과 춤을 추며 이야기를 나눴습니다. 해바라기 씨를 까먹으며 밤새 중국 드라마를 보는 시간은 무엇과도 바꾸고 싶지 않을 만큼 행복했어요.

중국에 가서도 공부하는 건 귀찮고 싫었지만 드라마를 볼 땐 달랐습니다. 알아듣고 싶어서 단어를 찾았죠. 불편하지 않게 돌아다니며 수다 떨고 싶어서 하고 싶은 말을 통째로 외웠고요. 한번은 유학생 기숙사 앞에 손저울을 든 과일장사가 왔습니다. 정말 맛있어 보이는 과일이 가득했지만 중국어로 아는 과일이라곤 사과밖에 없었어요. 그런데 과일 파는 아주머니가 제 팔을 붙잡고 말하더군요. "차매 마시써. 싸다 싸" 어설픈 한국어가 얼마나 반갑던지 저도 어설픈 중국어로 더듬거리며 말했죠. "참외 우거(五个 다섯 개)" 아주머니는 살짝 갸우뚱하더니 다섯 손가락을 펴고 확인하셨어요. "뚜이바? (对吧 맞지?)" 전 힘차게 고개를 끄덕였죠. 잠시 후 제 손에 딸기 다섯 근을 쥐어 준 아주머니는 제 지갑에서 돈을 낚아채듯 가져갔습니다. 딸기가 중국어로 '차오메이(草莓)'인데 제가 참외로 잘못 들었던 거죠. 어찌나 창피하던지 집에 가자마자 노트를 펴고 단어를 외웠습니다. 그때만큼은 단어 암기가 공부란 생각이 전혀 들지 않았어요. 그토록 하기 싫던 공부를 스스로 원해서 하기 시작했답니다.

'공부'라는 단어는 어딘가 무거운 느낌을 줘서 피하고 싶어져요. 숨이 턱턱 막히죠. 그런데 일상에서 필요한 정보를 검색하고 수집하는 건 공부라는 생각이 들지 않습니다. 하고 싶어서, 재미있어서 할 때도 마찬가지고요. 100일 번역마늘 프로젝트도 마찬가지였습니다. 공부라고 생

임혜미

각하면 하기 싫어졌어요. 그래서 첫 번째 도전했을 때는 보기 좋게 실패했습니다. 억지로 저 자신을 몰아붙였으니까요.

중국 드라마를 볼 때처럼 즐기듯이 공부를 했다면, 100일을 무사히 버틸 수 있었을 거예요. 그래서 두 번째 도전할 때는 마음을 느긋하게 먹었습니다. 100일 만에 번역 실력을 완벽하게 쌓겠다는 욕심을 버리고 매일매일 조금씩 습관을 만드는 데 집중했죠. 머릿속으로 '공부해야지'라고 생각하지 않아도 몸이 먼저 알아서 움직이게 말입니다. 습관처럼 중국 드라마를 보듯이 습관처럼 노트를 펼치게 되는 순간, 번역가라는 꿈을 향해 나아갈 수 있는 추진력이 생깁니다.

임혜미 •••

❤ thelinebooks님 외 10명

#중국어 #100일번역 #계획세우기 #계획표 #목표달성 #습관 #공부

계획 세우기

초등학교 시절, 방학식을 할 때면 〈방학 탐구 생활〉이라는 책자를 선생님이 나눠 주셨다. 첫 페이지엔 항상 시계 모양의 방학 계획표가 자리 잡고 있었다. 방학만 되면 아주 알차고 빡빡하게 계획을 세우곤 했다. 계획표를 그리는 시간만큼은 이미 다 이룬 것 같아 묘한 성취감이 느껴졌다. 그 이후론 뭔가를 하기 전에 꼭 계획을 세우는 습관이 생겼다. 시험 기간에 공부하는 시간보다 공부 계획을 세우는 데 더 열을 올리고, 단어장을 꾸미기 바빴다.

지금도 여전히 일정이나 계획표를 짜는 일이 재미있다. 연초에 연별, 분기별로 계획을 짜고, 매달 매주의 일정을 나눈다. 매일 다음날 할 일을 써 놓고 잠자리에 든다. 계획을 세우면 목표를 달성하는 기쁨도 배가 되고 시간을 활용하기도 수월해진다. 매일 정해진 시간에 정해진 분량을 공부하는 것, 그게 바로 습관을 만드는 가장 쉬운 방법이다.

원서와 번역서 함께 읽기

'번역'이라고 하면 제일 먼저 외국어가 떠오릅니다. 외국어 실력만 갖추면 바로 번역을 할 수 있을 거라 기대하게 되고요. 저도 처음엔 외국어 공부에만 집중하면 될 거라 생각했습니다. 막상 번역 공부를 시작하고 제일 많이 들은 말은 "책을 많이 읽어라"였습니다.

외국어의 기본이자 핵심은 바로 '단어 암기'입니다. 단어를 알아야 문장도 만들고 대화도 나눌 수 있죠. 기본적인 구조에서 단어만 바꿔 주면 문장이 완성되니까요. 번역도 마찬가지입니다. 한국어 어휘력이 번역의 품질을 좌우합니다.

제가 좋아하는 중국 작가 샤오홍(蕭红)의 대표작으로 알려진 〈생사장(生死场)〉의 번역서만 봐도 같은 단어가 어떻게 다른 표현으로 번역되는지 알 수 있습니다. 글누림 출판사에서는 제목을 '생사의 마당'이라고 번역했고, 시공사에선 '생사의 장'이라고 했죠. 중앙일보사 출판본에서는 '삶과 죽음의 자리'라고 번역됐답니다.

한국어 어휘력을 높이려면 책을 많이 읽는 것만큼 도움 되는 게 없습니다. 한국 작가가 우리말로 아름답게 표현한 글을 읽는 것도, 물론 큰 도움이 됩니다. 원서와 번역서를 비교하며 읽으면 외국어 공부와 한국어 공부를 동시에 해결할 수 있고요. 나라면 어떻게 번역했을까 고민하다가 번역서의 문장을 보면 실마리가 풀립니다. 무릎을 탁 칠 만큼 탁월한 문장을 만나면 따로 기록해서 수집해 둡니다. 번역서라고 모든 문장이 완벽한 건 아니겠지요. 하지만 일단은 여러 번역서를 읽어 봐야 좋은 번역문을 가려내는 안목이 생깁니다. 다양한 음식을 먹어 봐야 맛을 평가할 수 있는 것처럼요.

매년 출판되는 신간의 약 25%가 번역서라고 합니다. 어떤 해는 20% 미만일 때도 있고, 또 어떤 해는 30%를 훌쩍 넘어서기도 하죠. 장르도 다양하고요. 처음엔 번역 공부를 하겠다고 생각하니 어떤 번역서를 골라야 할지 고민이 많이 됐습니다. 왠지 유명한 중국 고전을 읽어야 할 것 같았죠. 글자 하나씩 짚어 가며 원서랑 대조해야겠다는 욕심도 났고요.

한참을 고민하다 집어 든 책은 중국 학생의 필독서라는 공자(孔子)의 〈논어(论语)〉와 조설근(曹雪芹)의 〈홍루몽(红楼梦)〉이었습니다. 중국어를 배우지 않은 사람들도 한 번쯤 들어 봤을 문학가 루쉰(鲁迅)의 전집도 선택했고요. 논어는 번역서뿐만 아니라 해설서도 종류가 다양하고, 〈홍루몽〉이나 〈루쉰 전집〉도 여러 종류의 번역서를 서점에서 쉽게 찾아볼 수 있습니다.

하지만 만남은 쉬웠지만 얼마 못 가 헤어질 수밖에 없었습니다. 어렵기도 어려웠고 재미도 없었거든요. 제아무리 유명한 필독서라 해도 끝까지 읽지 못하면 소용없죠. 그래서 번역서를 고르는 저만의 기준을 세웠습니다. 꼭 중국 작가가 쓴 책을 읽어야 한다는 생각부터 버렸답니다. 한국어 어휘를 수집하는 데 초점을 뒀으니까요. 중국어 번역서는 영어나 일본어 번역서보다 종류가 많지 않은데, 굳이 그중에서 고르려고 했으니 제목부터 심상찮은 어려운 책을 마지못해 집었던 거죠. 중국어 번역서만 고집하지 않으니 선택의 폭이 넓어졌습니다.

아무리 유명한 작가의 작품이고 모두가 칭찬하는 베스

트셀러라도 흥미가 없다면 책장을 끝까지 넘길 수 없습니다. 도저히 책에 흥미가 생기지 않는다면 관련 영상을 먼저보는 것도 좋아요. 대중의 사랑을 받고 작품성까지 인정받은 책은 영화나 드라마로 재탄생되는 경우가 많으니까요.

한국에서도 큰 인기를 끌었던 중국 드라마 〈랑야방〉은웹소설이 원작이었고, 영화 〈화차〉와 드라마 〈솔로몬의위증〉은 일본 장르 소설의 여왕 미야베 미유키의 소설이원작이죠.

처음 책을 펼쳤을 때 이해하기 어려웠던 내용도 영상을본 다음 다시 책을 펼치면 눈에 쏙쏙 들어오기도 합니다. 영상으로 담아 낸 장면을 글로 어떻게 표현했는지 확인하면서 감탄합니다. 번역가의 묘사력에 박수를 치면서요.

특히 중국 문학의 경우, 유명하다 싶으면 대부분 영상물로 제작됩니다. 제가 어려워서 포기했던 〈홍루몽〉은 물론이고, 무협소설의 대가 김용(金龙)의 작품 대부분은 드라마나 영화로 제작됐습니다. 모옌(莫言)의 〈붉은 수수밭〉과남파삼숙(南派三叔)의 〈도묘필기〉, 궈징밍(郭敬明)의 〈환성〉 등도 드라마와 영화로 제작되어 큰 인기를 얻었죠. 원서와 번역서, 영상물을 함께 보면 흥미를 잃지 않고 꾸준히공부할 수 있을 거예요.

필사(必死)적으로 필사(筆写)하기

필사는 책을 읽는 또 다른 방법입니다. 책을 한 번 읽고 덮어 버리면 머릿속에 줄거리만 남고 구체적인 문장은 잘 떠오르지 않습니다. 번역을 잘하려면 좋은 한글 표현을 많이 수집하고 틈틈이 암기해야 합니다. 책을 읽다가 인상적인 내용에 표시를 해 두고, 나중에 필사를 하면 문장을 한 번 더 곱씹기 때문에 기억에 오래 남죠. 좋은 문장도 수집하고, 배경 지식도 쌓고, 맞춤법까지 공부할 수 있으니 일석삼조죠.

저는 우선 노트부터 장만했어요. 문장 단위로 끊어 소리 내 읽고 외워서 썼습니다. 한글 필사를 할 때는 주로 띄어쓰기와 맞춤법을 염두에 두고, 원서 필사를 할 때는 주로 단어와 문장 구조를 외우는 데 주력했죠. 또 너무 많이 하

임혜미

려고 욕심내지 않았습니다. 분량을 채우지 못했어도 집중력이 떨어지면 과감히 덮었어요. 한 줄을 쓰더라도 내 것으로 만드는 게 중요하다고 생각했거든요.

아무리 열심히 베껴 써도 그냥 덮어 버리면 공부 효과가 없습니다. 헷갈리기 쉬운 한국어 단어나 수집한 부사, 관형사를 엑셀이나 구글 시트에 다시 정리했답니다. 중국어도 속담이나 사자성어는 따로 정리했고요. 중국어 단어의 경우는 네이버 단어장 기능을 이용했어요. 네이버 사전에서 단어를 검색하고 클릭을 하면 단어장에 자동 저장이 되기 때문에 필사를 마치고 복습하기 좋았습니다. 음성으로 발음도 확인해 볼 수 있어서 유용합니다.

처음 원서 필사를 시작할 때는 너무 오래된 작가보다 현대 문학 작가의 작품이 좋아요. 우리나라도 근대 문학과 현대 문학의 문체나 단어가 차이를 보이는 것처럼, 중국의 근대 문학에도 현대에 잘 쓰지 않는 단어나 문체가 종종 등장하거든. 처음엔 쉽고 재미있는 책, 현대 중국어로 쓰인 책으로 시작해야 지치지 않고 원서 필사의 재미를 제대로 느낄 수 있답니다.

저는 노트에 필사했지만 손글씨 쓰는 게 부담된다면 컴퓨터로 한글이나 워드 파일에 필사를 해도 괜찮아요. 다만, 필사를 끝내고 나서는 반드시 다시 처음부터 끝까지 읽어 보고 단어나 표현을 정리해 보세요. 여기서 한 단계 더 나아간다면, 중국어 원서를 한 단락씩 베껴 쓰기 한 후 그 밑에 직접 번역을 해 봅니다. 그리고 그 밑에 번역서를 베껴 쓰기 하며 자신이 번역한 것과 비교하면 더 좋습니다.

번역은 마감을 지키는 것이 중요하므로, 번역 속도가 빨라야 하는데요. 평소에 필사를 하면서 단어를 정리하고 틈틈이 외워 두니 번역가로 데뷔했을 때 큰 도움이 됐답니다. 외국어 공부, 번역 공부, 글쓰기 공부의 기본인 필사, 당장 시작해 보세요!

임혜미

임혜미 ...

♥ thelinebooks님 외 10명
#중국어 #100일번역 #샤오훙 #호란하전 #지구력

필사하며 힐링하기

一辈子不走几回险路那不算英雄
살면서 어려움 몇 번 겪지 않고서 영웅이라 할 수 있겠나!
—샤오훙(萧红)의 〈호란하전(呼兰河传)〉 중

중국 소설 원서를 필사하다 보면 종종 마음에 위안을 주는 문장을 만난다. 살면서 고비를 겪지 않는 사람은 없다. 어리다고 삶의 고비가 오지 않는 것도 아니고, 나이가 많다고 고비를 쉽게 극복하는 것도 아니다. 똑같은 일도 어떤 사람에겐 밥 먹듯 쉬운 일이지만 또 어떤 사람에겐 인생 최대 고비처럼 느껴지겠지. 번역가가 되겠다고 고군분투하며 매 순간이 고비였다. 무작정 열심히 한다고 결실을 맺을 수 있을지 수시로 의심이 들었고, 자꾸만 포기하고 싶은 유혹에 빠졌다. 100일 번역마늘 프로젝트를 하면서도 과연 100일을 무사히 버틸수 있을까 의문이었다. 나 자신을 믿지 못했던 거다. 100일 뒤를 생각하지 말고 그저 오늘 하루만 무사히 넘기자는 마음으로 눈앞에 있는 과제를 하려고 노력한다. 그렇게 하루하루 고비를 넘기다 보면 어느새 100일이 다가오겠지.

중국의 웹 시장 알아보기

　　　　　　　온라인 플랫폼을 통해 만화를 보는 웹툰이 인기를 얻기 시작한 건 스마트폰이 보급되면서부터입니다. 그 전까지는 책 대여점을 통해 만화책을 빌려 봤고, 일본 작가의 작품을 번역한 만화책이 많았죠. 그것도 해적판으로 불리는 비공식 번역서가 대부분이었고요. 스마트폰으로 편리하게 만화책을 볼 수 있게 되면서 일본 작가보다 한국 작가의 작품 활동이 활발해졌고 한국 작가들의 데뷔도 수월해졌습니다.

　　이런 현상은 중국도 마찬가지입니다. 중국 작가의 만화책은커녕 중국어로 번역된 만화책조차 구하기 힘들었던 시절은 옛말이 되었죠. 중국의 온라인 플랫폼이 발전하면서 전국 각지의 실력 있는 작가들이 온라인으로 모여들었고, 소위 '웹작가'들의 활약으로 웹툰을 비롯한 웹소설, 웹드라마는 비약적으로 성장을 합니다. 온라인 플랫폼이 상대적으로 규제가 덜해 억눌려 있던 표현의 자유를 마음껏 누리기 시작했다고나 할까요.

중국어 번역가를 꿈꾼다면 이런 중국의 변화에 관심을 가져야 합니다. 중국의 출판과 영상 시장은 온라인 플랫폼의 영향을 크게 받고 있기 때문입니다. 인기 웹툰과 웹소설이 드라마와 영화로 제작되고 책으로도 출간됩니다. 웹툰과 웹소설의 스토리 라인을 따라 온라인 게임 또는 모바일 게임으로 개발되기도 하죠. 한국 역시 온라인 플랫폼에서 서비스하는 중국 웹소설의 비중이 점점 높아지면서 웹 시장에서 활동하는 중국어 번역가가 늘어나는 추세랍니다.

영상도 마찬가지입니다. 드라마나 영화의 원작이 웹툰과 웹소설인 경우가 많습니다. 시청자들은 자연스럽게 접근이 편리한 온라인 동영상 플랫폼으로 몰리고 작가와 배우도 웹 시장을 무시할 수 없게 됐어요. 초기 웹드라마는 신인 배우의 등용문 수준이었지만, 점점 많은 투자를 받아 유명 배우가 출연하는 품질 높은 드라마로 발전하기 시작했습니다.

인터넷의 발달로 한국인 시청자들도 실시간으로 영상

을 접할 수 있게 되자, 한국의 중국 영상 전문 채널에서도 발 빠르게 움직이기 시작했습니다. 인기리에 방송됐던 드라마를 수입하는 것이 아니라 화제를 불러일으킬 만한 작품을 찾아 미리 판권을 계약하고, 빠르게 번역하고 빠르게 방송합니다. 이러한 상황에서 중국어 번역 시장도 함께 변화하고 있습니다. 짧은 시간 내에 많은 분량을 번역해야 하니 여러 명의 번역가가 공동 번역을 하는 사례가 늘고 있어요.

이제는 외국어 실력만 뛰어나서는 번역가로 롱런하기 힘들어졌다고 해요. 시시각각 변하는 업계 동향을 파악해야 그에 맞춰 발 빠르게 대응할 수 있답니다. 중국어 번역가를 꿈꾸는 분들은 중국의 역사와 문화뿐 아니라 미디어 업계에도 지속적으로 관심을 갖고 정보를 수집하는 게 좋아요. 중국에서 인기를 끈 소설이나 영화, 드라마는 한국에 수입되는 경우가 많으니 관련 정보를 미리 알아 두면 번역할 때 큰 도움이 된답니다.

임혜미

중국 웹툰으로 공부하기

중국도 한국과 마찬가지로, 유행어와 신조어가 끊임없이 생겨납니다. 중국의 SNS인 웨이보(微博)나 위챗(微信) 등을 통해 빠르게 퍼지고 있죠. 하지만 최신 유행어와 신조어를 배우겠다고 중국에 갈 수도 없고 온종일 SNS만 들여다보고 있을 수도 없죠. 글자만 보면 그게 유행어인지 모를 때가 더 많고요.

그럴 때 웹툰을 보면 여러모로 도움이 됩니다. 옛날처럼 단행본을 구하려고 뛰어다니지 않아도 온라인으로 쉽게 접할 수 있는 데다가 의성어와 의태어를 공부하기에 더할 나위 없이 적합하죠. 대화체로 되어 있어서 신조어와 유행어를 수집하기도 좋아요. 말풍선을 번역하는 연습을 하는 것도 괜찮겠죠. 그림으로 상황을 설명해 주니 글자만 가득한 책보다는 이해하기 쉽고 재미있습니다.

　그렇다고 아무 웹툰이나 선택했다가는 낭패 보기 십상이라 공부 목적에 따라 어떤 걸 볼지 골라야 합니다. 신조어와 유행어를 공부하고 싶은데 고전이나 무협물을 선택하면 사자성어와 무협 용어만 보게 되니까요. 웹툰번역에 관심이 있다면 의성어를 집중해서 보세요. 〈마음의 소리〉 같은 한국 웹툰들이 중국에서도 큰 인기를 끌어서, 한국 웹툰을 중국어로 번역하는 수요가 늘고 있거든요. 웹툰에는 의성어가 많이 등장하는데 막상 번역하려고 하면 중국어 의성어가 떠오르지 않아요. 영상번역은 의성어나 의태어를 번역할 일이 거의 없습니다. 극중 인물의 목소리를 들으면 감탄인지 탄식인지 비명인지 쉽게 알 수 있으니 굳이 번역하지 않거든요. 하지만 웹툰과 소설 번역에서는 의성어와 의태어를 번역해야 하니, 평소에 웹툰을 보면서 의성어와 의태어를 익혀 둬야 해요.

　중국 웹툰 〈동거남규밀(同居男闺蜜)〉은 제목부터 신조어의 냄새가 폴폴 납니다. '男闺蜜'은 '남사친(남자 사람 친구)'을 뜻하거든요. 이 웹툰에선 신조어가 넘쳐납니다. SNS 용어나 줄임말, 숫자로 된 대사까지 책이나 학원에서 가르쳐 주지 않는 중국어가 쏟아집니다.

단순히 줄거리 파악이 목적이라면 신조어를 몰라도 그냥 건너뛰면 됩니다. 하지만 번역 공부가 목적이면 신조어도 제대로 알아야 합니다. 한국과 중국 모두 웹드라마가 인기를 끌면서 신조어를 접할 기회가 많아졌거든요. 교과서나 사전에만 실린 단어와 표현만 공부했다가는 번역할 때 한계에 부딪치게 됩니다. 번역가가 되겠다면 장르나 분야를 불문하고 활자 중독자처럼 집요하게 언어를 수집해야 합니다.

중국어와 번역 공부에 도움이 되는 웹툰, 그렇다면 어디서 어떻게 볼까요? 한국에서 네이버나 다음, 카카오 등의 플랫폼을 비롯해 레진코믹스, 코미카 같은 웹툰 전문 사이트가 있듯이 중국도 다양한 플랫폼이 있답니다. 그중 제가 자주 가는 사이트 몇 곳을 소개할게요.

1. 중국의 '네이버'이자 '다음'인 '텐센트 만화(腾讯动漫)'

> ### http://ac.qq.com

중국의 대표 웹사이트인 '텐센트'는 각종 뉴스와 정보를 찾아볼 수 있고, 게임을 즐기고 음악도 들을 수 있습니다. 영화와 드라마의 다시 보기 서비스는 물론, 웹툰과 애니메이션도 편리하게 볼 수 있는 대형 플랫폼이죠.

2. 유명 게임 사이트 '4399 만화(4399动漫)'

> www.4399dmw.com/manhua

온라인 게임을 비롯해 모바일 게임 서비스와 파생 상품 개발 및 판매가 주 사업이었던 '4399'에서 게임 동영상과 애니메이션을 취급하면서 웹툰까지 사업 영역을 확장했어요. '아이치이(爱奇艺)'나 '투도우(土豆)' 같은 대형 플랫폼과 연계하여 엄청난 속도로 성장하고 있답니다.

3. 중문판 네이버 라인 웹툰 '동만 만화(咚漫)'

> www.dongmanmanhua.cn

한국의 네이버 웹툰에서 연재하는 국내 작가의 웹툰을 중문 번역본으로 즐길 수 있는 사이트입니다. 네이버와 정식으로 중국어 서비스 계약을 맺었기에 네이버 웹툰 페이지처럼 요일별, 장르별, 순위별로 웹툰을 즐길 수 있습니다. 한국어와 중국어 번역본을 비교하며 표현을 수집하기 안성맞춤이지요.

임혜미

4. 기타 유명 웹툰 사이트

이 밖에도 중국 내 웹툰을 전문적으로 제공하는 플랫폼은 계속 늘고 있어요. 특히, 캐릭터 및 스토리 대회를 개최하여 많은 신진 작가들의 등용문을 마련한 웨이보의 '웨이 만화(微漫画) http://manhua.weibo.com'나 웹툰을 원작으로 한 영화 및 드라마의 제작 등 다양한 콘텐츠 개발에 앞장서는 '콰이칸(快看) www.kuaikanmanhua.com' 등은 눈여겨봐야 할 웹툰 사이트랍니다.

저는 '텐센트 만화'를 가장 많이 이용합니다. 검색 방법이 손에 익어서 그렇기도 하고, 모바일 앱과 연동해서 보기도 편리하거든요. '콰이칸 만화'의 경우 웹사이트보다 모바일 앱 서비스를 먼저 시작했기 때문에 앱으로 웹툰을 볼 경우엔 콰이칸 만화 앱도 편리합니다.

앞에서 소개한 사이트 대부분이 모바일 앱 서비스를 동시에 제공하니 마음에 드는 웹툰 앱을 다운로드해 보세요. 중국 웹툰 보기 참~ 쉽죠?!

임혜미

♥ thelinebooks님 외 10명

#중국어 #100일번역 #중국웹툰 #동거남규밀 #BB #신조어 #수다쟁이

웹툰으로 신조어 익히기

중국 웹툰을 보다 보면 신조어가 많이 나온다. 오늘도 〈동거남규밀(同居男闺蜜)〉이란 웹툰을 보다가 신조어를 만났다. "怎么样? 还BB吗?" BB를 중국 사이트에서 검색을 했더니 여러 가지 뜻이 나왔다. BB크림, baby를 비롯해 '宝贝(귀염둥이)'와 '表白(고백하다)'란 뜻이 있었다. 휴대폰 기종 이름인 '블랙베리'를 지칭하기도 하고, 한국의 아이돌 그룹 '빅뱅'을 뜻하기도 한단다. 문맥에 맞는 의미를 찾던 끝에, '说个没完(수다스럽다)'란 뜻을 발견했다. 게임 용어에서 파생된 신조어라고 한다. 한국이나 중국이나 매일같이 신조어가 나타났다 사라진다. 역시 공부는 끝이 없구나 싶다.

한국인입니다만…

  중국 대학으로 편입하기 전, 캠퍼스 생활의 대부분을 대학 신문사에서 보냈습니다. 중국어를 전공하는 학생이 공부는 안 하고 캠퍼스 곳곳을 누비며 취재하기 바빴죠. 대학 신문사에서는 갓 입사한 수습 기자에게 취재 요령보다 신문 사설 필사와 오탈자 검사를 먼저 가르칩니다. 질리도록 글자를 보고 또 보는 거죠. 그래서 맞춤법이나 띄어쓰기는 고민조차 해 본 적이 없었어요. 그냥 기본적으로 잘한다고 착각 속에 빠져 살았죠. 학생 기자 동기 중에서 제일 먼저 수습 딱지도 떼고, 교내 신문에 직접 쓴 기사가 실려서 글발도 뒤지지 않는다고 생각했어요. 아주 잘 쓰는 건 아니어도 어디 가서 "글 꽤 쓴다"는 소리를 들을 거라 자부하며 오만을 떨었습니다.

그 오만은 중국 대학을 다니면서도 이어졌습니다. 겁도 없이 중국인 학생들에게 한국어를 가르쳤거든요. 한국인인데 한국어를 못할 리가 없다고 착각했죠. 학교에서 유학생을 대상으로 중국 학생들에게 모국어를 가르치면 장학금을 주는 교내 활동을 하길래 냉큼 신청했습니다.

돌이켜 보면, 쥐구멍이 있으면 숨고 싶은 마음입니다. 저는 한국어를 가르친 게 아니고 글자를 읽어 줬을 뿐이었어요. 학교에서 제공해 준 교재를 사용했는데, 정식 한국어 교육 교재가 아닌 옌지(延吉) 지역에서 조선족을 대상으로 만든 조선어 회화책이었죠. 그래서 교재에 한국어 문법이 없었어요. 제가 문법을 가르칠 수준도 아니었고요. 그저 글자대로 읽어 주고 이상한 예문을 수정하는 방법으로 수업을 진행했습니다. 제가 평소에 잘못 사용하던 단어를 확인도 안 하고 가르쳐 준 것도 너무 많았죠. 당시엔 틀린 줄도 모르고 있었으니까요. 수업에 참석한 중국인 친구에게 맞춤법이 틀린 줄도 모르고 '한국어 열심히 배우기 바래', '다음 수업에서 또 뵈요'라고 써 줬던 쪽지를 당장에라도 회수하고 싶네요.

100일 번역마늘 프로젝트에 참여해 공부할 때 〈내 문장이 그렇게 이상한가요?(김정선 저, 유유)〉를 보름 동안 읽고 요약하는 과제가 있었습니다. 책의 두께가 얇은 걸 보고 이 정도쯤이야 별거 아니다 싶었죠. 막상 읽어 보니 만만하게 볼 책이 아니었습니다. 첫 페이지부터 저를 부끄럽게 만들었거든요. 제가 평소에 쓰던 문장이 군더더기투성이였다는 걸 깨달았죠. 그 시기에 영상번역 강의를 듣고 있었는데 동기들과 〈책 쓰자면 맞춤법(박태하 저, 엑스북스)〉도 같이 공부했어요. 덕분에 제 한국어 실력이 얼마나 부족한지 객관적으로 판단할 수 있었답니다. 제가 한국인이 맞나 싶을 정도로 맞춤법에 약했습니다. 어디서 띄어 써야 할지도 헷갈렸고, 표준어가 아닌 단어도 많이 쓰고 있었죠.

번역 공부를 하기 전에는 띄어쓰기나 맞춤법을 틀려도 뭐라고 하는 사람이 없었습니다. 맞춤법의 중요성을 알 리 없었고, 알려고도 안 했죠. 굳이 한국어 뜻을 검색해 보거나 띄어쓰기를 틀렸을까 노심초사할 필요도 없었고요.

맞춤법의 중요성을 알고 난 후, 제 책장에 맞춤법 책이 하나씩 늘어나기 시작했습니다. 그런데 보면 볼수록 어렵고 헷갈리는 이유는 뭘까요? 설마, 전 한국인이 아닌 걸까요? 지금 이 순간, 혹시라도 저에게 한국어를 배운 중국인 친구가 이 글을 본다면 말해 주고 싶네요.

"미안해, 난 한국인이지만 한국어는 잘하지 못해."

임혜미

번역가의 힘은 공부!

책도 읽고, 웹툰을 보면서 신조어도 익혔겠다 번역만 잘하면 될 것 같았습니다. 일감만 손에 들어오면 뚝딱 하고 번역해 낼 줄 알았죠. 하지만 공부는 거기서 끝이 아니었습니다. 평소에 한국 뉴스도 잘 안 보는데 중국 뉴스를 보며 시사 상식도 쌓아야 했습니다. 저는 영상번역가가 꿈이었기에, 재미있게 중국 드라마나 영화를 보며 공부하면 될 거라 생각했어요. 하지만 중국어 영상번역 수요는 영어에 비해 많지 않아서 영상번역가라고 해도 문서 번역을 병행하는 게 안전하죠. 게다가 쉽고 재미있는 번역 일만 골라서 받을 수 있는 게 아니기 때문에 다방면으로 공부하며 대비했답니다.

제가 처음 의뢰받은 번역은 딱딱한 문서 번역이었습니

다. 공장에 물건을 요청하는 발주서나 계약서, 사용 설명서 등이었죠. 전문용어로 빽빽하게 차 있는 설명서는 때때로 집어던지고 싶을 만큼 지루하고 답답했습니다. 기술 문서를 번역하다 보면 시사 경제 용어가 툭툭 튀어나오는데, 중국어도 생소하고 한국어로 봐도 모르겠더군요. 사전을 뒤져도 나오지 않는 외래어 단어도 많았고요. 그나마 신문 기사를 베껴 쓰면서 정리했던 단어가 큰 도움이 됐습니다.

딱딱한 공부는 질색이라며 투덜거렸지만, 번역을 직업으로 삼으려면 끝없이 공부해야 했습니다. 섬유 업체 번역을 할 때였어요. '텐셀', '자카드', '비스코스 레이온'이 어떻게 다른지 몰라 옷장에 있는 옷의 라벨을 전부 들여다봤죠. 홈페이지 광고의 한중 번역을 할 땐 네 글자로 말하는 걸 좋아하는 중국인 특성을 살리려고 사자성어를 따로 공부했습니다. 대만으로 보내는 협력 요청서를 번역할 땐, 대만과 중국의 민감한 관계를 고려해 단어 선택을 신중히 해야 했기에 대만에서 주로 쓰는 단어를 따로 공부해야 했죠. 특히, 협력 요청서 같은 공식 문서엔 대만(臺灣)이 아닌 중화민국(中華民國)이라고 써 줘야 한답니다. 또, 대만은 번체자를 사용하기 때문에 익숙한 간체자로 번역했다 하더라도 번체자로 변환하는 방법도 익혀야 했습니다.

임혜미

영상번역가로 입문만 하면 공부는 그만두고 번역만 해도 되지 않을까 막연하게 기대한 적도 있습니다. 막상 영상번역가가 되고 나니, 공부할 게 더 많아졌어요. 영상번역은 영화와 드라마만 번역하는 게 아니라 뉴스 영상이나 다큐멘터리를 번역할 수도 있고, 강연을 번역하기도 하니까요. 드라마나 영화를 번역한다고 상황이 달라지는 것도 아닙니다. 장르에 따라 무협 용어, 궁중 용어, 군사 계급 등을 공부해야 하거든요. 법정 수사물이나 의학물을 번역하게 되면 전공자만큼 용어를 공부해야 하죠. 현대극을 번역할 때에도 외래어를 음역하는 중국어 특성 때문에 단어를 따로 공부해야 했어요. 음역된 단어를 모르면 '秀(쇼 show)'를 '뛰어나다'로 번역하는 참사가 일어날 수도 있으니까요. 사극도 예외는 아니었습니다. 역사적 배경은 물론, 사자성어, 시조 등을 공부해야 했죠. 특히 중국 드라마는 현대극보다 사극의 비중이 크고, 중국 정부에서 제작을 통제합니다. 드라마 〈환성〉이나 〈삼생삼세 십리도화〉 같은 선협물(판타지와 무협의 결합)이 아닌 이상, 가상의 국가를 배경으로 드라마를 제작할 경우, 많은 제약을 받죠. 등장인물은 허구일지라도 시대 배경은 역사에 기반을 두기 때문에 역사 공부는 필수였어요.

중국어를 할 줄 아니까 조금만 공부하면 쉽게 번역가가 될 줄 알았습니다. 번역가만 되면 지긋지긋한 공부와 영영 이별할 줄 알았죠. 하지만 번역가가 되니 더 많은 공부가 절 기다리고 있었습니다. 무엇을 번역하든 공부는 피할 수 없었어요. 끝이 없는 공부에 때때로 지치기도 하지만, 매번 새로운 번역 일감을 받고 새로운 분야를 공부하니 지루할 틈이 없습니다. 매일 같은 일을 반복하는 것 같지만, 매일 새로운 일을 하는 셈이죠.

임혜미

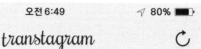

 임혜미

· · ·

♥ thelinebooks님 외 10명

#중국어 #100일번역 #어린이직업백과 #콩닥콩닥 #번역 #내직업 #언론문학전문가

번역가란?

모처럼 찾은 도서관, 〈어린이 직업 백과〉란 책이 눈에 띄었다. 번역가도 있을까 싶어 펼쳐 보니 '언론 문학 전문가' 분야에 있었다. '번역가는 외국어로 쓰인 문서나 보고서, 책 등을 우리말로 옮기거나 우리말을 외국어로 옮기는 일을 해요. 그 밖에도 외국 영화나 비디오, 드라마 등을 우리말로 바꿔서 자막을 만드는 일을 하지요.' 이 설명을 읽으며 가슴이 콩닥콩닥 뛰었다.

더불어 이런 내용이 이어졌다. '번역가는 외국의 문화와 관습도 이해해야 하고, 전문 지식을 익히기 위해 노력해야 하며, 문장력·표현력·언어감각이 필요한 직업'이라며 '전문가가 되려면 긴 시간이 소요되고, 일하는 시간이 일정하지 않기 때문에 건강관리는 필수! 꾸준히 공부해야 한답니다.' 문득 어깨가 무거워졌다. 꾸준히 공부해야 하는 직업, 번역가. 그래! 난 오늘도 공부한다.

영상번역가가 되다

영상번역가라는 직업이 있는지도 몰랐을 땐 통번역 대학원을 졸업한 사람이 통역도 하고, 책도 번역하고, 영상도 번역하는 줄 알았어요. 번역 분야가 구분되어 있는 줄은 몰랐죠. 번역에 대해 제대로 알아보지 않고 무작정 인터넷으로 '번역가가 되는 법'을 검색했답니다. 그랬더니 셀 수 없이 많은 광고창이 뜨더군요. 단 며칠이면 번역가가 될 수 있다며 교재를 판매하는 사이트도 있었고, 수업을 듣고 번역 자격증 시험을 봐야 번역가가 될 수 있다고 홍보하는 곳도 있었죠. 자격증만 있으면 무조건 번역가가 되나 보다 싶어서 마음이 흔들리기도 했답니다. (번역가는 자격증이 필요 없다는 것을 뒤늦게 알았지만요.)

어떻게든 빨리 번역가가 되고 싶다는 욕심에 의욕이 넘

임혜미

쳐서 번역 관련 카페에도 여러 군데 가입해 '중국어 번역'과 관련된 온라인 스터디는 모조리 다 신청했습니다. 그무렵 '더라인 번역 오픈케어' 카페에도 가입하고 '100일 번역마늘 프로젝트'를 알게 됐습니다. 욕심만 앞서서 100일 프로젝트는 물론, 다른 스터디도 도중에 줄줄이 포기하고 말았어요. 좀 더 체계적으로 공부해야겠다 생각이 들어 번역 강의를 알아봤습니다. 전문가의 조언을 듣고 공부법도 배우고 실질적인 업계 정보도 알아보고 싶었거든요.

우선은, '장르 소설 번역의 대가'로 알려진 조영학 선생님의 출판번역 강의를 신청했습니다. 중국어 번역이 아니라 영어 번역을 가르치는 수업이었어요. 중국어 번역 강의는 찾기가 쉽지 않아서 지푸라기라도 잡는 심정으로 들었답니다. 언어는 다르지만 번역의 기본은 같아서, 그 수업을 들으며 번역이란 무엇인지 감을 잡을 수 있었죠. 그러다 영상번역이란 분야가 따로 있다는 걸 알고는 영상번역 강의도 듣기로 했습니다. 12주간 진행되는 영상번역 수업을 듣는 동안 왕복 세 시간 이상의 거리를 운전하고 다녔습니다. 저녁 강의였는데 퇴근 시간과 맞물리면 지각할까 봐 항상 일찍 집을 나섰죠. 강의 시간보다 일찍 도착하면 카페에 들어가 100일 번역마늘 프로젝트 과제를 했답니다.

100일 번역마늘 프로젝트가 번역 공부의 이정표가 돼줬다면, 강의는 영상번역가의 꿈에 한발 가깝게 다가서게 해 줬습니다. 영상번역 기법과 업계 현황은 물론, 영상번역가의 삶과 태도에 대해서도 배울 수 있었어요. 혼자서 번역 공부를 할 때는 답안지가 없는 문제집을 푸는 기분이 들었어요. 열심히 문제를 풀어도 답을 알 수 없으니 제대로 하고 있는 건지 확신이 없었죠. 물론 수업을 듣는다고 정답을 알 수 있는 건 아니에요. 번역에는 정답이 없다는 걸 수업을 들으며 알았거든요. 하지만 어떻게 공부를 하고, 어떤 방향으로 나아갈지 단서를 얻을 수 있었죠.

12주의 영상번역 수업이 다 끝나고 나서도 공부는 계속되었습니다. 또 다른 출발선에 선 기분이었죠. 이전에 중도 포기했던 100일 번역마늘 프로젝트에도 다시 도전했습니다. 어디로 갈지 방향을 알았으니 행동으로 옮기는 건 오로지 제 몫이었어요. 이전에는 무턱대고 여러 가지 공부를 동시에 했지만, 이번에는 영상번역에 초점을 맞추고 공부 계획을 세웠습니다. 처음부터 끝까지 계획대로 착착 진행되진 않았어요. 완벽해 보이던 계획도 막상 실행하니 문제점이 눈에 보이더라고요. 그럴 땐 과감하게 계획을 수정했

임혜미

습니다. 원서와 번역서를 함께 비교하며 읽다가 번역서의 문장이 어색하다 싶으면 다른 책으로 바꿔 읽기도 했고, 자막 없이 중국 드라마를 보다가 한글 자막이 있는 드라마로 바꿔 보기도 했죠.

조금씩 저에게 맞는 공부법을 찾아 익숙해질 무렵, 드디어 기회가 찾아왔습니다. 케이블 채널에서 방송되는 영화를 번역하게 됐죠. 열심히 공부하고 준비했다고 생각했는데 막상 영상번역 현장에 뛰어드니 왜 이렇게 실력이 부족한 걸까요. 등장인물의 말투 설정부터 전문 용어까지 다시 조사하고 공부해야 했습니다. 꿈에 그리던 영상번역가로 데뷔했으니 기쁘기만 할 줄 알았는데, 현실은 녹록지 않았습니다. 감수본을 볼 때마다 마치 시험성적표를 받아든 것처럼 심장이 마구 요동쳤고 부끄러움에 얼굴이 벌겋게 달아올랐어요. 역사 지식이 부족해 '왕'과 '황제'를 구분하지 못했고, 한국어 표현력이 약해 틀에 박힌 말을 반복해서 쓴다는 걸 알았죠. 제 부족한 실력의 밑바닥을 본 기분이 들었습니다. 더는 부끄러울 일이 없도록 꾸준히 공부해야 번역가로 오래 버틸 수 있다는 걸 깨달았어요.

번역 속도를 높이는 공부

"나라를 구하는 번역을 하려고?"

출판번역 수업을 들을 때, 한 페이지도 안 되는 과제를 사흘이나 걸렸다는 말에 조영학 선생님이 말씀하셨습니다. 뭐 얼마나 대한민국을 뒤흔들 문장을 고심하느라 그리 오래 걸렸냐는 뜻이었죠. 영어는 젬병인데 영어를 번역하는 과제라서 그랬다고 변명했지만, 안타깝게도 중국어 번역도 딱히 빠르지 않습니다.

경력이 많은 영상번역가는 하루에 한 편도 뚝딱 해낸다지만, 새내기 영상번역가인 저는 사정이 달랐습니다. 40분짜리 드라마 한 편을 납품하기까지 작업 시간만 꼬박 20시간 정도 걸렸죠. 하루 10시간을 책상에 앉아 있어도 이틀은 걸리는 시간이었어요. 그러다 보니 따로 시간을 쪼개 공부하는 게 생각처럼 쉽지 않았습니다. 번역은 마감이 중요한데 공부한답시고 마감을 못 지키면 어떡하나 걱정이 앞섰거든요. 마음속에서 '공부할 시간 없어, 한 줄이라도 더 번역해'라며 악마의 소리도 들렸습니다. 공부할 시간을 빼느라 번역할 시간이 부족할 뿐, 번역 속도가 느린 게 아니라는 말도 안 되는 변명을 늘어놓은 적도 있었죠.

　나라를 구할 번역을 고민하느라 시간이 없는 사람처럼 굴었지만, 생각해 보니 할 건 다 하고 있었어요. 잠도 6시간 이상 잘 자고, 밥도 잘 먹고, 좋아하는 드라마도 참 열심히 보고 있더라고요. 보고 싶은 드라마를 실컷 보면서 공부도 할 수 있는 방법은 없을까 생각하다가 케이블 채널에서 방송되는 중국 드라마의 한글 자막을 베껴 쓰기로 했습니다. 한글 자막을 베껴 쓰면 한국어 표현을 수집할 수 있고, 등장인물의 말투 설정도 공부할 수 있어 좋거든요. 처음엔 드라마 자막만 베껴 썼지만 나중엔 영화, 다큐멘터리, 미드까지 다양한 장르의 영상을 보며 한글 자막을 워드 파일에 타이핑했죠. 엑셀에 '한국어 표현 수집'이라는 파일도 장르별로 만들었어요. 수집한 표현이 하나씩 늘어날수록 번역 속도가 빨라지는 게 느껴졌습니다.

　한국어 표현을 수집하면서 조금씩 실력이 붙는 게 느껴

지니 공부 욕심이 생겼습니다. 중국 드라마와 영화의 시대 배경이 되는 중국 역사를 공부하기로 했죠. 엑셀에 중국 역사 연표를 만들고 주요 사건을 정리했어요. 즐겨 봤던 드라마 목록도 시대별, 인물별로 정리하고, 대사로 자주 나오는 중국어 속담과 관용구를 따로 수집했답니다. 이렇게 정리해 두니 번역할 때마다 시대 배경을 찾는 수고를 덜 수 있었어요.

또 틈틈이 시사 상식을 익히고, 전문 용어를 공부하려고 인터넷 뉴스를 보기 시작했습니다. 많은 언론사에서 국내 뉴스를 영어 및 중국어 등으로 번역해 게시하기 때문에 전문 용어를 수집하기 쉬울 뿐만 아니라 원문 기사와 비교하면서 공부하기 좋답니다. 제가 주로 찾는 언론사 사이트를 소개할게요.

한겨레 중문판 – http://china.hani.co.kr
중앙일보 중문판 – http://chinese.joins.com/gb
매일경제 중문판 – http://china.mk.co.kr/china
조선일보 중문판 – http://cnnews.chosun.com

발 빠르게 중국의 뉴스를 접하고 싶다면 중국 사이트를

찾아보는 것도 좋습니다. '신화망'이나 '인민망' 등 중국의 주요 뉴스 사이트도 중국 뉴스를 영어 및 한국어, 기타 언어 등으로 번역해 게시하거든요.

신화망(新华网) – www.news.cn

인민망(人民网) – www.people.com.cn

봉황망(凤凰網) – www.ifeng.com

베이징 뉴스(新京报网) – www.bjnews.com.cn

SINA 뉴스(新浪新闻) – news.sina.com.cn

텐센트 메인(腾讯网) – www.qq.com

냉장고에 음식 재료가 가득해도 꺼내서 요리하지 않으면 아무 소용 없듯, 머릿속에 온갖 지식을 저장만 하고 내버려두면 쓸모없어지겠죠. 저는 공부한 내용을 꼭 소리 내 읽어 봅니다. 자막 베껴 쓰기를 한 대사도, 수집한 단어도 소리 내어 읽죠. 그냥 눈으로만 훑어보는 것보다 소리 내 읽으면 기억에 더 오래 남거든요. 덕분에 사전 검색하는 시간이 줄어들어 지금은 마감에 쫓기지 않고 오히려 여유가 생겼답니다.

임혜미　　　　　　　　　　　　•••

中國歷史朝代演進圖　D-64

黃帝

夏

商

西周

春秋　東周

 春秋

高　元

220年
265年
西晉
五胡
十六國　東晉
北魏
420年
589年
隋
618年
唐
907年
十國五代
960年
遼　北宋
1127年
金　南宋
1279年
元
1368年
明

♥ 　💬 　✈　　　　　　　　　🔖

♥ thelinebooks님 외 10명
#중국어 #100일번역 #드라마번역 #황실 #흑역사 #전화위복

시대 배경 파악하기

내가 처음 번역한 드라마는 560년경 북주(北周) 황실이 배경이었다. 드디어 드라마를 번역한다는 생각에 잔뜩 들떠서 역사 공부는커녕 아무런 사전 조사도 없이 무작정 번역부터 덤벼들었다. '선황(先皇)'이라는 단어만 보고 당연히 아버지일 거라고 생각하고 무심코 '아바마마'라고 번역했는데, 알고 보니 형이 동생에게 황위를 물려준 거였다. 역사 공부를 소홀히 해서 오역을 한 뼈 아픈 기억. 그 뒤로 역사 공부는 물론, 단어 하나도 돌다리를 두드리듯 찾아보고 또 찾아본다. 그 실수를 떠올릴 때마다 부끄러움에 귀까지 벌게지지만, 덕분에 더 꼼꼼해졌으니 전화위복이 됐지 싶다.

웃지 못할 신조어의 압박

15분 분량의 토크쇼를 6시간 안에 번역해 달라는 의뢰를 받은 적이 있었습니다. 6시간이면 충분하다 생각했어요. 하지만 막상 뚜껑을 열어 보니 모르는 단어가 너무 많았습니다. 한 연예인이 방청객을 향해 "么么哒"라고 말하며 귀여운 표정을 짓더군요. 방청객은 꺄르르 웃는데 대체 왜 웃는지 몰라 멍했죠. 찾아보니 입술을 쭉 내밀고 애교를 뗄 때 내는 소리였어요. '쪽쪽', '뿌잉뿌잉', '우쭈쭈' 등으로 표현할 수 있겠죠. 또, 뿔테 안경을 쓰고 "真相只有一个!" 라고 외치길래 '진실은 하나뿐!' 이라고 번역했는데 뭔가 어색했어요. 찾아보니 만화 〈명탐정, 코난〉에서 코난이 외치는 명대사로, 한국에선 "진실은 언제나 하나!"로 통용되고 있었죠.

임혜미

결국 단어를 찾느라 시간을 너무 허비해 처음으로 마감을 지키지 못했습니다. 평소에 신조어 공부를 좀 더 열심히 했다면 단어 찾는 시간을 많이 줄일 수 있었을 거예요. 부족한 실력이 여지없이 드러났던 거죠. 초보 번역가라고 변명할 수 없었어요. 그게 제 실력이었으니까요. 그때부터 중국 예능을 보기 시작했습니다.

처음엔 한국 예능 포맷을 정식으로 수입해 만든 '极限挑战(무한도전 중국판)', '奔跑吧(런닝맨 중국판)', '不朽的名曲(불후의 명곡 중국판)' 등을 주로 봤습니다. 언어와 출연자만 다를 뿐 진행 방식이 비슷해서 내용이 익숙했거든요. 하지만 출연자들의 토크가 시작되고 화면자막이 쉴새 없이 깜빡이니 당최 무슨 말인지 알 수 없더군요. 사투리, 언어유희, 줄임말, 음역한 외래어 등의 신조어가 마구 섞여 나왔거든요.

중국 대표 예능 '쾌락대본영(快乐大本营)'은 매회 출연자들이 상황극을 연출합니다. 대본에 없는 신조어가 쉴 새 없이 튀어나오죠. 한번은 여성 출연자가 남성 출연자에게 '欧巴', '男票'라는 단어를 쓰며 콧소리를 내더군요. 이 단어를 찾아보니 '欧巴'는 한류의 영향으로 '오빠'를 음역한 단어였고, '男票'는 '남자친구', '애인'을 뜻하는 말로 한국어 '남편'의 발음과 비슷하게 '男朋友'의 발음을 짧게 줄인 신조어였어요.

'숫자'라는 생각지도 못한 신조어도 있었습니다. 한국도 휴대폰이 보급되기 전, 호출기가 유행하던 시절엔 틈만 나면 공중전화 박스 앞에 줄을 서서 친구에게 숫자로 호출하곤 했죠. '825(빨리 와)', '486(사랑해)', '7942012(친구 사이 영원히)' 등 마치 암호를 전송하듯 숫자 버튼으로 하고 싶은 얘기를 전하곤 했습니다. 지금은 스마트폰으로 쉽게 전화를 걸고 문자를 전송하기 때문에 이런 숫자 놀이는 추억이 됐지만요.

이렇게 숫자로 뜻을 전달하는 건 중국도 마찬가지입니다. 숫자 8(ba)의 발음이 중국어 '发财(부자가 되다)'의 '发(fa)'와 발음이 비슷해 중국인이 좋아하는 숫자라는 얘기는 많이 들었을 겁니다. 번역 공부랑 숫자가 무슨 상관인가 싶지만 웹툰이나 예능을 번역하려면 알아 둬야 한답니다.

임혜미

중국 웹툰 〈동거남규밀(同居男闺蜜)〉의 한 장면입니다. '5555555…'를 어떻게 번역하면 될까요? 숫자 5의 발음이 의성어 '呜呜(엉엉, 흑흑)'와 발음이 같아 우는 소리를 숫자로 표현한 거랍니다. 또, 중국에선 5월 20일이 '고백 데이'로 연인끼리 사랑을 고백하거나 520위안의 홍바오(红包 - 용돈, 복돈)를 선물로 주고받습니다. 왜 하필 5월 20일이냐고요? '520'이란 숫자가 '我爱你(사랑해)'와 발음이 비슷하기 때문입니다.

이 밖에도 웨이보나 위챗에서 숫자로 된 글을 종종 볼수 있습니다. '7456 - 气死我了(성질나네)', '885 - 抱抱我(안아 줘)', '530 - 我想你(보고 싶어)', '20184 - 爱你一辈子(영원히 사랑해)', '9494 - 就是就是(그렇다니까)' 등 숫자로 의미를 전달하는 표현이 정말 많습니다.

조금이라도 애매하거나 생소한 단어를 만나면 반드시 중국 검색 사이트인 '바이두(百度)'에서 검색해 봐야 합니다. 한국의 네이버처럼 지식 검색(百度知道), 이미지 검색(百度图片) 등의 카테고리에 단어의 뜻과 예문까지 자세히 나와 있거든요.

중국의 주요 검색 사이트는 바이두 말고도 '소후(搜狐)'와 '소구(搜狗)', '360', '구글차이나' 등이 있습니다. 신조어의 뜻을 정확히 알려면 이런 중국 검색 사이트와 친해져야 되겠죠?

정말이지 번역가의 길은 멀고도 험하구나 싶습니다. 책을 읽고 한국어 표현을 수집하고 맞춤법을 공부하는 것은 기본이고, 중국 문화와 역사를 이해해야 하고, 분야별로 중국 드라마, 영화, 웹툰, 예능을 골고루 보며 실력을 쌓는 한편 숫자가 품은 뜻까지 공부해야 하니까요.

임혜미

귀를 호강시키는 공부

전 어려서부터 소리에 예민했습니다. 청력이 좋아서가 아니라 반대로 난청이라 온 신경을 듣는 데 집중했기 때문입니다. 나쁜 청력 때문에 저도 모르게 목소리가 커졌고, 사춘기를 겪으면서 큰 목소리는 콤플렉스가 됐습니다. 너무 조용한 곳은 피하게 됐고, 주변이 고요하면 불안함을 느꼈죠. 그래서 눈을 뜨자마자 라디오를 듣거나 TV를 켜곤 했습니다. 독서실처럼 조용한 곳에선 오히려 공부에 집중할 수 없었죠.

중국에서도 마찬가지였습니다. 외출할 때를 빼고는 제 방엔 늘 TV가 켜져 있었어요. 무슨 프로가 방송되는지는 중요하지 않았습니다. 저는 습관처럼 TV를 켰을 뿐인데 자연스럽게 중국어 듣기 공부를 한 셈이죠. 처음엔 뭐라고 말하는지 하나도 들리지 않았지만 시간이 흐를수록 단어가 들리고, 문장이 들리더라고요.

세월이 흘러 이젠 난청이 콤플렉스는 아니지만 여전히 제 방엔 TV가 켜져 있습니다. 아예 컴퓨터 옆에 작은 TV를 설치했죠. 케이블 중국 드라마 채널에서 흘러나오는 중국어를 배경음악 삼아 공부도 하고 일도 합니다. 외출할 때에도 중국 음악이나 중국 라디오를 듣습니다. 요즘은 스마트폰 어플이 좋아서 어디서나 중국어를 들을 수 있어요.

중국 노래를 듣고 싶을 땐 '쿠워뮤직(酷我音乐)' 어플을 주로 이용합니다. '샤미뮤직(虾米音乐)'이나 'QQ뮤직(QQ音乐)' 어플도 있지만 쿠워뮤직 어플을 제일 오래 썼거든요. 가사 지원도 되고 mp3 파일로 다운로드까지 되기 때문에 여러모로 좋아하는 어플이랍니다. 중국 라디오는 '라디오 FM 중국'이라는 어플을 씁니다. 각 지역 방송국을 선택해서 들을 수 있어서 좋아요.

물론, 그냥 듣기만 하는 것보다 받아쓰기를 하면 중국어 실력 향상에 좀 더 도움이 되겠죠. 하지만 자칫하면 가장 힘들고 하기 싫은 공부가 되고 맙니다. 특히 시사 용어도 잘 모르고 뉴스에 관심도 없는데 CCTV 뉴스 받아쓰기에 덤벼들었다간 며칠 못 가 포기하기 쉽죠. 처음엔 별 생각 없이 귀에 들리는 대로 따라 말했습니다. 대사도 따라 하고, 노래도 따라 불렀죠. 귀에 이어폰을 꽂고 혼자 중얼 거리면서 걸어 다녔으니 약간 모자란 사람처럼 보였을지 도 몰라요. 그러다 어린이용 교육 애니메이션을 받아썼습 니다. 고사성어를 공부하면서 유래까지 재미있게 익힐 수 있었죠. 차츰 낭독, 드라마 대사, 다큐멘터리, 뉴스 순으로 난도를 높였습니다.

전 받아쓰기를 할 때 '반복할지언정 중간에 끊지 않는 다'를 원칙으로 삼아요. 2분 내외의 짧은 영상을 골라 중간 에 멈추지 않고 쭉 듣죠. 다시 한 번 들으면서 들리는 대로 병음을 적습니다. 모든 문장을 다 받아쓰려고 애쓰지 않았 어요. 놓친 문장은 미련을 버리고, 적어 둔 병음에 맞게 단 어를 조합하면서 문장을 만들었어요. 한국어 뜻은 알겠는 데 단어가 생각나지 않을 땐 사전을 찾아봅니다. 다시 한 번 들으면서 놓친 부분을 채우고 잘못 들은 부분을 수정했 어요. 이 과정을 반복해서 모든 문장이 완성되면, 자막이 나 대본을 보며 비교해 봅니다. 마지막으로 틀린 단어나 몰 랐던 단어를 정리하죠. 2분짜리 영상이라고 우습게 볼 일 이 아니었어요. 한 시간을 훌쩍 넘기곤 했거든요. 분명한 건, 몸이 괴로울수록 머릿속에 오래 남는다는 겁니다.

따로, 또 함께 걷는 길

굳은 결심으로 공부를 시작했지만 학교에 다닐 때처럼 시험이 있는 것도 아니고, 슬쩍 하루 빼먹는다고 뭐라고 하는 사람도 없으니 나태해지기도 했습니다. 자신과의 싸움이란 걸 알면서도 포기하고 싶을 때가 한두 번이 아니었어요. 매일매일 과제를 해서 게시판에 올려야 했지만, 오후 11시에 부랴부랴 대충 공부하고 인증샷만 올렸는지, 매일 정해진 시간에 꼬박꼬박 열심히 공부했는지 아무도 모르니까요. 전 이미 실패한 경험이 있었기에 욕심은 버리기로 했어요. 드라마틱한 변화까진 바라지 않아도 매일 공부하는 습관을 만드는 게 목표였죠.

100일 동안 공부하면서 제가 굉장히 수동적인 사람이란 걸 알게 됐습니다. 공부도, 번역도 마감에 민감하더라고요. 함께 100일 프로젝트를 하는 참가자들에게 묘한 경쟁심도 느껴졌고요. 같은 계획표로 공부해도 다른 결과물이 나오는 걸 보고 좀 더 효율적인 공부 방법을 고민했습니다.

그래서 '더라인 번역 오픈케어' 카페에 온라인 중국어 스터디방을 만들었습니다. 공부하는 습관을 만들 수 있도록 베껴 쓰기, 받아쓰기, 책 읽기, 번역 연습을 4주 동안 함께하는 스터디랍니다. 아무 제약 없이 혼자 공부하는 것보다 사람들과 함께 공부할 때 능률이 오르니까요.

혼자 공부할 땐 우물 안 개구리처럼 공부도, 번역도 제가 하는 방법이 정답이라 믿었습니다. 이 정도 열정이면 누구도 따라오지 못할 거라며 자만에 빠졌죠. 하지만 함께 공부하며 많은 것을 배웠어요. 베껴 쓰기 과제를 매끄럽게 번역한 사람, 받아쓰기 과제에 나온 사자성어를 낱말 카드로 만든 사람, 책을 읽고 헷갈리기 쉬운 단어를 정리한 사람까지. 누구도 강요하지 않았는데 자신한테 맞는 공부법을 찾아 훌륭하게 과제를 완성하는 걸 보면서 자극을 받았답니다.

3인 3색의 100일 번역마늘 프로젝트도 마찬가지였어요. 세 명의 100일은 각자의 개성만큼이나 달랐지만 '중국어 번역 실력 쌓기'란 같은 목표를 세우고 서로를 응원하며 함께 공부했죠. 통번역 대학원에서 어떤 방법으로 공부하는지 엿보기도 하고, 오랜 시간 프리랜서 번역가로 불규칙한 삶을 살면서도 꾸준히 자기 관리를 하는 모습에 감탄하기도 했죠. 공부도 번역도 혼자 헤쳐나가야 할 길이지만 그 길을 함께 걷는 사람이 있으니 얼마나 힘이 되던지요.

100일이란 시간은 생각보다 많은 걸 바꿔 놓았습니다. 함께 공부하는 즐거움을 알게 됐고, 막막하기만 하던 꿈에 한 걸음 성큼 다가갈 수 있었죠. 좋아하는 일과 잘하는 일이 일치하는 삶을 살 수 있는 기반을 다질 수 있었고요. 또, 100일을 완주해 냈다는 성취감은 번역을 지속할 수 있는 원동력이 돼 주었습니다.

사실 여전히, '이 정도면 충분하지 않을까?'라며 슬며시 공부를 그만두고 싶은 유혹에 빠지곤 합니다. 하지만 번역가로 자리 잡은 지금, 공부가 끝이 아니라 이제 시작이란 걸 압니다.

임혜미

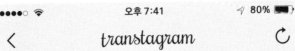

♥ thelinebooks님 외 10명
#중국어 #100일번역 #함께 #커피 #수다 #공부 #동료

함께 도전한 100일

매일매일 번역 과제를 하면서 이런다고 과연 번역가가 될 수 있을지 머릿속에 물음표가 자꾸 떠올랐다. 그럴 때마다 공부하는 동료들을 보며 힘을 얻었다. 10여 년 넘게 번역업계에 몸담고 있으면서도 계속 공부를 하고 싶다던 출판번역가 김정자. 통번역 대학원을 졸업 후 출판번역을 해 보고 나서 좀 더 실력을 다지고 싶다던 신노을. 그리고 영상번역가를 꿈꾸던 나까지, 우리 셋은 공부하는 내내 계속 정보를 공유했다. 가장 효과적인 공부법은 물론이고, 어디서 어떻게 어떤 자료를 구할지도 함께 얘기했다. 혼자 집에서 공부하다가 지루할 때면 카페에서 만나 공부를 했다. 각자 노트를 펼쳐 놓고 100일 프로젝트 과제를 하다가, 커피 마시다가, 수다를 떨다가… 그리고 집에 돌아오면 영양제를 맞은 듯 기분 전환도 되고 다시 힘이 났다. 공부든 번역이든 혼자 하는 일이지만, 함께할 수 있는 동료가 있다는 것만으로도 마음이 든든하다. 덕분에 100일 번역마늘 프로젝트도 끝까지 완수하고, 영상번역가 입문이라는 꿈도 이루었다.

PART 3
중국어 출판번역 공부법

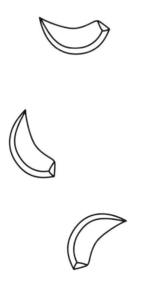

김정자

프리랜서 중국어 번역가. 읽고 쓰기를 좋아하는 자유로운 영혼. 번역을 천직으로 생각하며 번역가가 행복한 세상을 꿈꾼다. 뭐든 한 번 꽂히면 끝까지 가고, 아니다 싶으면 미련 없이 돌아선다. 번역에 꽂힌 인생, 블랙홀 같은 매력에 빠져 즐거운 비명을 지르며 살고 있다. 저서로 〈이젠, 함께 걷기다〉(공저), 번역서로 〈내일이 보이지 않을 때 당신에게 힘을 주는 책〉, 〈곤경〉, 〈청춘, 그저 견디기엔 너무 아까운〉, 〈천재는 왼쪽 미치광이는 오른쪽〉, 〈행복이란 무엇인가〉 등 다수가 있다.

나도 번역가가 될 수 있을까?

영어든 중국어든 기초 단계를 뛰어넘고 어느 정도 독해가 가능해진 사람이라면 한 번쯤 번역이라는 세계에 관심을 가지게 됩니다. 책 읽기를 좋아하고 글깨나 쓴다는 소리를 들어 봤다면 '관심'을 넘어 본격적인 탐구를 시작했을지도 모릅니다. 번역가의 블로그를 뒤지거나 관련 기사를 스크랩하고, 번역 아카데미를 기웃거렸을 테죠. 중국 드라마를 찾아보고, 중국 번역서를 읽으며 "저 정도는 나도 하겠는데?"라는 자신감을 뽐내기도 했을 겁니다. 아니면 원서를 구해 번역서와 비교해 보거나 직접 번역해 봤을지도 모르죠. 하지만 그중에 성공적으로 번역가의 길로 들어선 사람은 많지 않습니다. 대부분의 사람들은 중도에 포기하거나 제자리걸음을 반복하며 '보이

김정자

지 않는 벽'에 부딪쳐 좌절합니다. 도대체 무엇이 문제일 까요? '보이지 않는 벽'을 뛰어넘으려면 어떻게 해야 할까요? '벽' 너머엔 무엇이 기다리고 있을까요?

문제에 대한 답을 구하기 위해서는 제대로 된 질문을 하는 게 중요합니다. 가장 먼저 던져야 할 질문은 "나도 번역가가 될 수 있을까?"가 아니라 "나는 왜 번역가가 되고 싶은가?"입니다. 대학에서 중국어를 전공했으니까, 중국이 뜨고 있으니까, 친구가 한다니 덩달아 하고 싶은 건 아닌가요? 목표가 약한 사람은 꿈을 실현시키기 위한 추진력이 부족하고, 언제 그만두더라도 아쉬울 게 없습니다. 그러니 반드시 그 일을 해야만 하는 강력한 이유를 찾아보세요. 처음 중국어를 접했을 때의 설렘이나 권설음이 혀끝에서 자연스럽게 굴러가던 기적 같은 순간을 떠올려 보세요. 번역가가 되고 싶은 구체적인 이유를 종이에 적어 보는 것도 좋습니다.

중국어 번역가가 되고 싶은 이유를 찾았다면, 어느 정도 정신 무장을 했다고 볼 수 있습니다. 정신 무장을 했다면 이제 도전하는 일만 남았겠죠. 물론 그 전에도 나름대로 중국 드라마를 찾아보고 번역도 해 보면서 쉬지 않고 공부해 온 사람도 있을 겁니다. 하지만 왜 여전히 번역가의 길은 멀게만 느껴질까요? 번역가에 대한 이해와 분석이 부족했던 건 아닐까요?

번역은 외국어를 모국어로 옮기거나 모국어를 외국어로 옮기는 일을 뜻합니다. 하지만 이것은 넓은 의미로서의 번역이며, 구체적으로 들어가면 번역은 좀 더 다양하게 나뉠 수 있습니다. 소스 텍스트의 형태와 텍스트가 표출되는 형식에 따라 출판번역, 영상번역, 기술번역으로 분류되며 최근에는 게임번역, 특허번역, 의료번역, 웹툰번역 등도 주목을 받고 있습니다. 그러니 번역가가 되겠다고 대책 없이 닥치는 대로 공부만 해서는 안 됩니다. 출판번역가가 되고 싶은데 밤낮없이 드라마만 끼고 살거나, 영상번역가가 되고 싶은데 원서만 파고 있다가는 영원히 목적지에 이르지 못합니다. 자신이 원하는 목표를 좀 더 구체적으로 생각해 보고 맞춤형 전략을 세워야 합니다.

저는 출판번역가로서 갖춰야 할 기본기와 실전 팁을 알려 드릴 겁니다. 2008년 첫 번역서를 출간한 이래로 다양한 분야에서 직접 갈고 닦은 번역 노하우를 이제 막 번역의 세계에 발을 디디려는 여러분과 함께 나누고자 합니다.

김정자

100일 번역 공부 가이드

100일 번역 공부의 목표는 책 한 권을 처음부터 끝까지 완벽하게 번역하는 게 아닙니다. 목표를 너무 높게 잡으면 시작도 하기 전에 주저하게 되고, 결국에는 공부를 할 때도 역효과만 불러올 뿐이니까요. 단 한 문장이라도 다른 사람의 도움 없이 자기 힘으로 번역하는 게 중요합니다. 한 문장을 번역할 수 있으면 한 문단, 한 페이지, 한 챕터도 번역할 수 있기 때문입니다. 모든 번역은 단 하나의 문장에서 시작된다는 사실을 기억하세요.

제가 알려 드리는 100일 번역 공부는 중급 이상의 중국어 실력을 갖춘 분들이 도전하기에 적합한 공부법입니다. 20일씩 총 5개의 파트로 나누었으며, 한국 단편소설 필사, 중국어 원서 필사, 배경지식 익히기, 중국 역사 공부, 실전

번역으로 구성했습니다. 100일 동안 공부할 내용을 먼저
계획표로 작성하고 실천해 보았답니다.

1단계(1일~20일) 한국 단편소설 필사

처음 20일 동안은 5명의 작가 10편의 단편소설을 읽고
하루 두 장씩 손으로 필사했습니다. 번역서가 아니라 한국
단편소설을 필사하는 이유는 번역투가 묻어나지 않는 한
국어 표현을 다양하게 익히기 위해서입니다. 한국에서 문
장력이 뛰어나기로 유명한 남성작가와 여성작가를 골고
루 배치하여 다양한 문체를 익힐 수 있게 했습니다.

2단계(21일~40일) 중국어 원서 필사

중국어 원서를 하루 두 장씩 손으로 필사했습니다. 좀
더 실전 같은 상황에서 공부하고자 한국에 번역서로 출간
되지 않은 원서를 골랐습니다. 번역서가 있으면 자꾸 비교
하게 되어 위축되거나 번역이 막힐 때 수시로 들춰 보는 탓
에 공부 진도가 늦어질 수 있을 테니까요.

3단계(41일~60일) 배경지식 익히기

중국 현지 신문과 잡지를 읽고 요약 정리했습니다. 번역

가는 언제 어떤 분야의 일이 주어질지 모르니 평소 중국에 관한 다양한 지식을 갖추어야 합니다. 정치, 경제, 사회, 연예, 패션 분야별로 배경지식을 익히고 다양한 어휘를 수집했습니다.

4단계(61일~80일) 중국 역사 공부

중국 역사책을 읽으며 연도별로 주요 사건과 인물을 정리했습니다. 역사를 알면 그 나라의 현재와 미래를 알 수 있다는 말이 있습니다. 중국을 이해하기 위해서는 중국의 뿌리부터 차근차근 공부할 필요를 느꼈습니다.

5단계(81일~100일) 실전 번역

2단계에서 필사한 중국어 원서를 번역했습니다. 번역을 하며 다시 한 번 번역 속도와 시간을 점검해 봤습니다. 하루에 몇 페이지를 번역할 수 있는지 알면 책 한 권을 번역하는 데 며칠이 걸리는지 계산할 수 있습니다. 목표는 신속하고 정확한 번역입니다. 번역이 끝난 뒤에는 오탈자와 맞춤법 검사를 했습니다.

준비물은 다음과 같습니다.

1. 출력한 계획표
2. 노트와 필기구
3. 공부할 책
   - 오정희, 〈옛 우물〉, 청아출판사
   - 권여선, 〈안녕 주정뱅이〉, 창비
   - 김애란, 〈침이 고인다〉, 문학과지성사
   - 김승옥, 〈무진기행〉, 민음사
   - 김연수, 〈사월의 미 칠월의 솔〉, 문학동네
   - 김희영, 〈이야기 중국사 1, 2, 3〉, 청아출판사
   - 장샤오셴(张小娴), 〈홍안로수(红颜露水)〉, 북경시월문예출판사(北京十月文艺出版社)
   - 샹린스장(相林石匠), 〈여생, 청다지교(余生，请多指教)〉, 백화주문예출판사(百花注文艺出版社)

100일 동안 저와 함께 공부하면서 번역가의 자질을 갖추고 싶으신 분들은 끝까지 완주해 보세요. 분명히 업그레이드된 실력을 확인할 수 있을 겁니다.

김정자

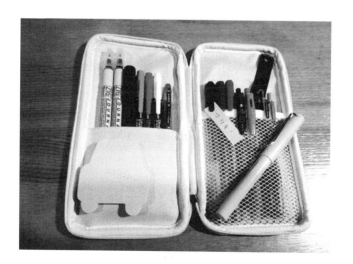

김정자 •••

♥ thelinebooks님 외 10명

#중국어 #100일번역 #필사 #신조어 #인터넷용어 #시사표현 #유행어 #바쁘
다바빠

시간 활용법

일을 병행하면서 책 읽고 필사하는 게 생각보다 쉽지 않다. 손가락도 아프고, 시간도 많이 잡아먹는다. 하지만 외국어는 손을 놓는 순간 도태하기 시작한다. 하루가 다르게 쏟아지는 신조어와 인터넷 용어, 새로운 시사표현 등 잠깐 한눈 판 순간 급속도로 퍼져나간다. 물론 반짝하고 나타났다 사라지는 유행어도 있다. 언제 쓸 일이 있을까 싶은 표현들도 눈여겨보면 나중에 다 쓸모가 있다. 그래서 언어는 꾸준히 하는 사람만이 살아남나 보다.

요즘 같은 시대엔 누구나 바쁘고 시간이 없다. 하지만 공부할 의지만 있다면 이동하는 버스나 지하철에서도 시간을 충분히 활용할 수 있다. 실력은 하루아침에 쌓이지 않는다. 반대로 꾸준히 노력하면 언젠가 그것은 실력이 된다. 하루 한 시간도 공부하지 않으면서 입으로만 꿈을 꾼다면 과연 이루어질까?

아침에 일어나서 30분, 점심때 30분, 자기 전에 30분 이런 식으로 틈틈이 시간을 활용하는 것도 좋다. 나는 주로 일을 시작하기 전에 책을 읽는다. 워낙 책을 좋아하는 데다 일을 바로 시작하는 것보다 독서를 먼저 하면 마음도 차분해지고 집중도 더 잘 되기 때문이다. 보통 컴퓨터를 켜기 전에 책상에 앉아 15~20분 정도 책을 본다. 한 달에 적게는 5권, 많게는 10권 이상도 읽는다. 필사는 다음 날 아침에 일어나자마자 하거나 자기 전에 하는 편이다. 하루를 시작하거나 마무리하는 기분으로. 아, 일 하다가 졸릴 때 분위기 전환용으로도 효과 만점이다.

첫 문장 분석법

"행복한 가정은 모두 모습이 비슷하고, 불행한 가정은 모두 제 각각의 불행을 안고 있다."
-톨스토이의 〈안나 카레니나〉 中, 민음사

"어느 날 아침 그레고르 잠자가 불안한 꿈에서 깨어났을 때 그는 침대 속에서 한 마리의 흉측한 갑충으로 변해 있는 자신의 모습을 발견했다."
-프란츠 카프카의 〈변신〉 中, 문학동네

"국경의 긴 터널을 빠져 나오자, 눈의 고장이었다."
-가와바타 야스나리의 〈설국〉 中, 민음사

김정자

세 문장의 공통점은 모두 유명한 소설의 첫 문장이라는 사실입니다. 제가 가장 인상적으로 생각하는 첫 문장 세 개를 꼽아 봤는데요, 모두 번역서라는 점에서 의미가 있습니다. 아무리 훌륭한 작가가 멋있는 문장을 쓰더라도 번역가가 그 맛을 제대로 살리지 못했다면 오랫동안 사랑 받기 힘들지 않았을까요?

모든 책의 첫 페이지, 첫 문장은 눈여겨볼 만한 가치가 있습니다. 때로는 첫 문장이 그 책의 핵심 정보와 가치를 전달하기도 합니다. 문체의 분위기를 파악하기에도 아주 좋습니다. 예민한 독자는 첫 페이지나 첫 문장만 보고서 마음에 안 들면 책을 아예 덮어 버리기도 합니다. 그렇게 보면 첫 문장은 첫 인상과도 같습니다. 사람이든 책이든 첫 인상이 좋으면 마음이 열리고 나중에 약간 안 좋은 인상을 줘도 크게 개의치 않게 됩니다. 그만큼 처음 받은 인상이 뇌리에 깊이 박히기 때문입니다. 작가들이 첫 문장에 공을 들이는 이유도 바로 거기에 있습니다. 그런 사실을 알고 있기에 번역가도 번역할 때 첫 문장에 신경을 많이 씁니다. 작가가 애써서 만들어 놓은 첫 인상을 번역가가 와장창 무너뜨릴 수는 없으니까요. 좋은 첫 문장을 쓰고 싶다면 평소에 책을 읽을 때 첫 문장을 유심히 관찰하고 분석해 보면 좋겠죠.

오정희의 단편소설 〈옛 우물〉의 첫 문장을 예로 들어 보 겠습니다.

> "마흔다섯 살이 된 생일 아침, 나는 여느 날과 마찬가 지로 여섯 시에 맞춘 괘종시계 소리에 눈을 떴다."

여기서 다음과 같은 정보를 알아낼 수 있습니다.

① 나는 마흔다섯 살이다.

② 오늘은 나의 생일이다.

③ 나는 매일 여섯 시에 일어난다.

④ 나는 매일 괘종시계를 맞추고 잔다.

⑤ 나는 매일 괘종시계 소리에 잠을 깬다.

이 정도는 누구나 충분히 분석할 수 있습니다. 좀 더 나 가 볼까요?

⑥ 나는 매일 여섯 시에 일어나야 하는 이유가 있다. 괘 종시계를 맞춘다는 건 반드시 그 시간에 일어나야 하기 때 문이다.

김정자

⑦ 생일임에도 불구하고 '여느 날과 마찬가지로' 여섯 시에 일어나는 나는 생일을 특별한 날로 여기지 않는 것 같다.

⑧ 생일임에도 불구하고 '여느 날과 마찬가지로' 여섯 시에 일어나는 나는 상당히 규칙적이고 반복적이며 안정된 삶을 살고 있을 가능성이 높다.

⑨ 생일임에도 불구하고 '여느 날과 마찬가지로' 여섯 시에 일어나는 나는 호들갑스럽거나 밝고 유쾌한 성격은 아닌 것 같다.

⑩ 마흔다섯 살이고 한국에서 자란 보통의 성인이라면 결혼을 해서 자녀가 있을 가능성이 높다.

이 밖에도 '나'로 시작하는 이 소설은 1인칭 주인공 시점으로 전개되며, 건조한 문체를 유지하는 걸로 봐서 앞으로도 주인공에게 아주 유쾌하거나 신나는 일은 일어나지 않을 것 같다는 추측도 해 볼 수 있습니다. 첫 문장만으로도 십여 가지의 정보를 알아내고 주인공의 심리 상태, 주변 환경을 예측할 수 있답니다.

번역가에게 이런 분석 훈련은 여러모로 큰 도움이 됩니다. 익숙해지면 첫 문장을 분석하는 것은 물론이고 전체 문

장을 빠르게 파악할 때도 이해력을 높일 수 있습니다. 속도
가 곧 실력인 번역가에게는 중요한 기술입니다.

중국어 원서 구입하기

        중국어 원서 필사를 할 때 어떤 책을 골라야 할지 감이 안 잡힌다는 얘기를 종종 듣습니다. 원서를 처음 필사하거나 중국 출판 소식을 잘 모를 경우에는 당연히 그럴 수 있습니다. 아무 책이나 막 골랐는데 재미없거나 어려운 내용이면 공부하는 데 흥미도 떨어지고 도중에 포기하고 싶은 마음이 들지도 모릅니다. 그런 불상사가 발생하지 않도록 중국어 원서를 고르는 몇 가지 팁을 알려 드릴게요.

1. 베스트셀러를 공략하자

베스트셀러에 올랐다는 건 그만큼 많은 사람이 읽었다는 뜻이니 평균 이상의 재미를 확보한 셈입니다. 또한 현재 중국에서 유행하는 책을 읽는다는 점에서 시대적인 흐름과 분위기를 익히는 데도 큰 도움이 됩니다. 베스트셀러 목록은 온라인 서점에서 확인할 수 있으니 원서를 고르기 전에 꼭 한번 확인해 보세요. 단, 출간된 지 오래된 책과 고전류는 피합니다. 오래된 문체와 시대에 어울리지 않는 표현이 많아 오히려 독이 될 수 있습니다. 출간 된 지 30년 안팎의 책을 골라 보세요.

2. 유명 작가의 책을 고르자

중국어 번역을 하겠다고 마음먹은 사람이라면 적어도 한두 명의 작가쯤은 알고 있을 겁니다. 요즘은 중국어 전공자가 아니더라도 세계적인 작가 위화(余华), 모옌(莫言), 쑤퉁(苏童)의 이름은 들어 봤을 겁니다. 한국과 중국을 뛰어넘어 세계적으로 명성을 떨친 작가들의 책은 작품성과 대중성을 모두 충족시킵니다. 막상 필사를 시작하고 보니 어렵거나 흥미가 느껴지지 않는다 해도 이들 작품은 언젠가는 다시 펼쳐 보게 될 테니 억울해할 필요가 없습니다. 그만큼 중국 문학계에 미치는 영향력이 큰 작가들이니 맛보기로 미리 경험했다고 여기세요. 필사 원서는 중간에 다른 책으로 변경하면 됩니다.

3. 동화책에 눈을 돌리자

빽빽한 글씨로 가득한 책을 도저히 볼 엄두가 나지 않는다면 삽화가 많은 책이나 동화책을 고르는 것도 좋습니다. 삽화는 글의 이해를 돕고 흥미를 일으킵니다. 동화책은 쉬운 문장이 주를 이루고, 글 분량이 상대적으로 적기 때문에 부담 없이 읽을 수 있어요. 동화책을 본다고 부끄러워할 거 없어요. 단계별로 차근차근 난이도를 올리면 되니까요.

4. 과감하게 도전하자

책을 고르기 어려운 가장 큰 이유는 아는 게 별로 없거나 경험이 부족하기 때문입니다. 물론 처음부터 잘하는 사람은 없습니다. 저 역시 편하게 원서를 선택하고 구입하기까지 수많은 시행착오를 겪었습니다. 사 놓고 책장에 처박아 둔 책이 수두룩하게 쌓이고, 중국 온라인 서점을 수년째 들락날락하고 나서야 지금의 경지에 이를 수 있었죠. 지나고 나니 실패한 경험도 좋은 공부가 되었다는 사실을 깨달았습니다. 자신이 가능한 범위 안에서 시장조사도 해 보고, 너무 겁먹지 말고 과감하게 도전해 보세요. 사람은 도전과 실패를 통해 성장하는 법이니까요.

심사숙고 끝에 원하는 원서를 골랐는데 정작 어디서 사야 할지 몰라 발만 동동 구르고 있나요? 중국어 원서를 구하지 못한다는 이유로 공부고 뭐고 다 포기하려는 건 아니겠죠? 이런 분들을 위해 중국어 원서 구입 방법을 자세히 알려 드릴게요.

가장 추천하고 싶은 방법은 중국어 원서를 판매하는 서점에 가서 사는 겁니다. 서점을 둘러보며 흥미로운 책을 고르는 재미가 쏠쏠합니다. 저는 책을 사는 목적이 아니더라도 주기적으로 서점에 들러 베스트셀러와 신간 서적 코너를 확인합니다. 중국어 원서는 물론이고 한국어로 출간된 중국어 책도 살펴보세요. 최근 번역 시장의 흐름을 파악하는 데 도움이 됩니다. 이렇게 발로 뛰며 쌓은 경험과 지식은 번역은 물론이고 출판 기획을 하거나 제안서를 작성할 때도 유용하게 사용됩니다.

중국 현지에 있다면 '신화(新华)'나 '대중(大众)'과 같은 대형 서점에 가도 좋고 동네 가까운 서점을 방문하면 됩니다. 하지만 한국에 있다면 비행기를 타고 가지 않는 한 그런 중국 서점은 찾지 못할 겁니다. 그렇다고 중국어 원서를 파는 곳이 전혀 없는 건 아니니 실망하지 마세요. 한국에도 작지만 중국어 원서를 파는 서점이 몇 군데 있습니다.

김정자

우선 중국어 원서만 전문적으로 취급하는 서점입니다. 제가 가장 자주 찾는 곳은 서울 종로구에 위치한 '중국서점(中国书店, China book)'입니다. 소설류 외에도 중국어 교재와 만화, 잡지 등 다양하게 구비해 놓았으며, 목록 외 서적을 따로 주문할 수 있어서 아주 편리합니다. 두 번째는 명동에 위치한 '중화서국(中华書局)'입니다. 대만 서적을 주로 취급하며 잡지류가 많습니다. 한류 열풍으로 중국에 진출한 연예인들이 실린 잡지가 잘 팔린다고 하더군요. 세 번째는 혜화동에 있다가 얼마 전에 파주로 이전한 '화문서적(华文書籍)'입니다. 이 외에도 교보문고 외서 코너에서도 일부 중국어 원서를 찾을 수 있습니다. 하지만 매우 소량이며 앞서 얘기한 서점에 비해 가격이 다소 비싼 편이라 자주 찾게 되지는 않습니다.

수도권에 살지 않거나 직접 서점에 방문할 여건이 안 되는 분들은 온라인 서점을 이용하면 됩니다. 위에서 언급한 중국어 원서 전문 서점의 홈페이지에 접속하면 쉽게 책을 구입할 수 있어요.

중국서점 www.chinabook.co.kr

중화서국 www.ichinabook.com

화문서적 www.huawen.co.kr

교보문고와 예스24 홈페이지에도 외국도서 카테고리에 중국어 도서 코너가 있으니 한번 둘러보세요. 이 밖에도 해외 사이트에서 직구를 하는 방법도 있습니다. 타오바오나 알리바바를 이용하는 방법도 있지만 책을 구매하는 것이니만큼 중국 온라인 서점을 이용하는 것을 추천해요. 카테고리 정리도 잘 되어 있고 베스트셀러 목록이나 미리보기 서비스까지 제공되니 책을 고르기에도 편리합니다.

제가 자주 가는 온라인 서점은 '당당왕(当当网)'과 '아마존 차이나(Amazon China)'입니다. 직구를 하면 저렴한 가격으로 원서를 살 수 있으나 배송료가 너무 비싸서 대량 구매가 아니면 거의 이용하지 않는 편입니다. 아직까지는 책 두세 권 사기 위해 직구를 하기엔 배보다 배꼽이 더 큰 게 현실이니까요. 그렇다고 중국 온라인 서점을 아예 찾지 않는 건 아닙니다. 원서의 기본 정보와 신간 소식을 확인하는 데 이만큼 좋은 곳도 없거든요. 중국 사이트에서 원하는 책을 검색한 뒤 한국에 있는 중국 서점에서 구입하기

김정자

도 합니다.

당당왕 book.dangdang.com

아마존 차이나 www.amazon.cn

책을 사는 게 번거롭고 귀찮다면 중국 웹소설 사이트를
이용할 수 있습니다. 중국의 웹소설 〈보보경심(步步惊心)〉
은 한국에서 〈달의 연인 - 보보경심 려〉란 제목으로 리메
이크돼 방송되기도 했죠. 현재 중국의 웹소설 시장은 큰 성
장세를 보이는 만큼 양질의 작품도 많아졌습니다. 최근에
주목받는 웹소설 사이트로는 '치뎬중원왕(起点中文网)',
'촹스중원왕(创世中文网)', '진장원쒜청(晋江文学城)' 등이
있습니다.

치뎬중원왕 www.qdmm.com

촹스중원왕 chuangshi.qq.com

진장원쒜청 www.jjwxc.net

원서의 기본 정보를 확인하는 방법

원서 필사를 하기에 앞서 책의 기본 정보를 살펴봅니다. 번역을 시작하거나 번역 제안서를 작성할 때 가장 먼저 하는 일도 기본 정보를 확인하는 일입니다. 기본 정보에는 원서의 제목과 저자, 국적, 출판사, 간략한 줄거리 등이 포함됩니다. 아직 한국에 번역된 책이 아닌 만큼 한국어로 된 정보는 거의 없을 겁니다. 그럼에도 어떤 책을 선택했고 필사 후 번역까지 하기로 마음먹었다면, 그 책이 어떤 책인지 정도는 조사하는 게 당연하겠죠. 문장을 이해하고 분석하여 나만의 언어로 풀어내려면 철저하게 준비해야 합니다.

책의 정보를 가장 쉽게 얻을 수 있는 곳은 바로 책입니다. 책의 앞 표지와 뒤 표지, 날개까지 꼼꼼히 살펴보면 예상 외로 많은 정보를 알 수 있습니다. 아직 책을 선택하기 전이라면 바이두나 온라인 서점에서 정보를 확인합니다.

1. 제목

제목은 책의 핵심 메시지를 담고 있거나 이야기의 중요한 단서가 됩니다. 알고 있는 단어라도 다시 사전을 찾아 가며 의미를 곱씹어 봅니다. 예를 들어 제가 100일 번역마늘 프로젝트에서 필사하고 번역한 〈홍안로수(紅顔露水)〉에서 '홍안(紅顔)'은 '미인', '로수(露水)'는 '이슬' 또는 '잠깐 존재하고 없어지기 쉬운 사물'을 뜻합니다. 제목을 풀이하면 '잠깐 머물다 사라질 아름다운 여인'이 됩니다. 제목은 내용과 깊은 관련이 있으니 이 책이 '아름다운 여인'에 관한 이야기라고 추측해 볼 수 있겠죠.

〈홍안로수(紅顔露水)〉 원서 표지

2. 저자

저자에 대해 잘 알면 작품을 이해하는 데 도움이 됩니다. 예를 들어 노벨 문학상을 수상한 모옌(莫言)은 관모예(管谟业)라는 본명 대신 '글로만 뜻을 표할 뿐 말하지 않는다'는 의미의 필명을 씁니다. 초등학교 5학년 때 문화대혁명을 겪었던 유년 시절을 생각하면 그가 작품에서 당시 사회의 부조리를 꼬집고 시대의 아픔을 서술하는 게 충분히 이해됩니다.

3. 고향

저자의 고향이 중국인지 대만, 홍콩, 마카오인지에 따라 작품 해석이 달라질 수 있습니다. 중국에 비해 대만, 홍콩, 마카오에서 나온 책이 좀 더 개방적이고 트렌디한 느낌이 드는 것은 역사적, 지리적인 이유가 크게 작용합니다. 특히 중국과 대만의 민감한 정치적 관계를 이해한다면 등장인물이 중국 내지인이나 대만인을 안 좋게 얘기한다거나 부정적인 태도를 보일 때 좀 더 쉽게 상황을 파악할 수 있습니다.

김정자

4. 종류

글의 종류가 무엇인지 아는 것은 기본 중에 기본입니다. 어쩌면 가장 간과하기 쉬운 부분이기도 합니다. 글의 종류가 무엇인지 알고 책을 읽는 것과 모르고 읽는 것은 큰 차이가 있습니다. 아무런 정보도 없이 조지 오웰의 〈동물농장〉을 본 사람이라면 제목만 보고 동물들이 나오는 이솝 우화 정도로 생각할 수도 있습니다. 하지만 이 책은 귀엽고 순수한 동물들의 이야기가 아닌 독재자와 사회주의를 신랄하게 비판한 정치 소설입니다. 처음에 이솝 우화로 알고 책을 펼친 독자라면 예상치 못한 전개에 당황하거나 충격을 받을 것입니다. 어쩌면 착각하며 읽었던 앞부분을 다시 읽어야 할지도 모릅니다. 원서라면 이런 작은 것 하나에도 내용이 헷갈릴 수 있습니다.

5. 기본 줄거리

필사든 번역이든 장기간에 걸쳐 진행되기 때문에 중간에 줄거리를 놓칠 수가 있습니다. 따라서 미리 줄거리를 알아 두면 큰 도움이 됩니다. 시간이 없다면 책의 목차만이라도 꼼꼼히 살펴보세요.

김정자　　　　　　　　　　···

♥ thelinebooks님 외 10명

#중국어 #100일번역 #잡지 #인물주간 #아날로그 #장베이촨 #정치공부

중국 잡지 읽기

오늘은 오래 전에 사놓고 묵혀 뒀던 중국 잡지를 꺼냈다. 이슈가 되는 인물을 중심으로 뉴스를 전하는 소프트한 시사잡지 〈인물주간(人物周刊)〉이다. 다른 잡지에 비해 인물 탐구 기사와 인터뷰가 많은 것이 특징이다. 인터넷 뉴스에 비하면 잡지는 직접 구매하고 손으로 일일이 넘기며 읽어야 하니까 번거로운 게 사실이지만, 좀 더 심층적이고 체계화된 정보를 얻을 수 있다. 컴퓨터를 켜지 않고도 손으로 넘기며 읽는 맛도 쏠쏠하다. 밤낮으로 끼고 사는 노트북과 휴대폰을 내려놓고 잠시 아날로그 감성에 빠져들었다. 오늘 고른 뉴스는 중국 위생부의 에이즈 자문위원 장베이촨(张北川)의 인터뷰로 동성애 정치인에 대한 그의 의견을 엿볼 수 있었다. 결과는 예상한 대로 보수적인 입장이다. 인식의 개선이 이루어지고 있다고는 하나 한국도 그렇고 중국도 동성애 정치인에 대해서는 부정적인 시각이 주를 이룬다.

멀고도 가까운 중국 문학의 세계

대학에서 중어중문학을 전공하던 스무 살 때부터 10년이 훨씬 넘도록 중국어를 손에서 놓아 본 적이 없습니다. 대학원을 졸업하고 들어간 회사에서도 주 업무는 번역이었고 투잡으로 출판번역도 꾸준히 했습니다. 하지만 전업 번역가가 되겠다고 마음먹었을 당시, 그때까지 읽은 중국 문학서를 세어 보니 채 30권도 되지 않았습니다. 자칭 문학소녀라며 책을 끼고 산 세월을 합치면 20년도 넘는데 중국 문학에 소홀했던 점이 많이 아쉽더군요. 시중에 출간된 중국 책을 모조리 읽겠다는 당찬 포부로 중국어 번역서 읽기 모임을 만들었습니다.

그때까지만 해도 아는 작가라곤 전공 때문에 읽었던 루쉰과 노벨 문학상을 받은 모옌, 그나마 한국에서 유명한 위

김정자

화 정도였습니다. 누군가 중국 작가나 문학을 추천해 달라고 하면 짐짓 못 들은 척하거나 화제를 돌려 위기를 모면했습니다. 중국어 번역가로서 당당하게 책을 추천하고 싶은 생각이 간절했습니다.

독서 모임에서 읽은 중국 문학책은 제게 신세계를 열어주었습니다. 한번 열린 신세계의 문은 강하게 저를 끌어당겼고, 블랙홀 같은 중국 문학에 흠뻑 빠지고 말았습니다. 한 달에 한 권씩 읽고 토론하는 독서 모임만으로는 부족함을 느끼고 혼자서 추가로 책을 읽으며 중국 문학의 세계를 탐닉했습니다. 대학 때 과제 때문에 억지로 읽었던 루쉰의 〈광인일기〉와 〈아큐정전〉을 다시 읽으며 감탄했고, 신영복 선생이 번역해 화제가 되었던 다이허우잉(戴厚英)의 〈사람아 아 사람아〉를 통해 문화대혁명이 중국에 남긴 상처를 들여다볼 수 있었습니다.

모옌의 〈개구리〉는 530페이지가 넘는 분량에도 불구하고 한번 펼친 책을 쉽게 덮지 못하게 만드는 매력이 있었습니다. 중국 최초의 노벨 문학상 수상 작가라는 호칭에 끌려 읽으면서도 명성만큼 재미는 없을 거라 생각했는데 예상은 완전히 빗나갔습니다. 늘 신문으로만 접했던 중국의 '한 가정 한 자녀' 정책을 목도하며 위정자들의 탁상공론이 서민들의 삶을 어떻게 망가뜨리는지 깨달았습니다. 국가의 정책을 따른 '고모'는 산부인과 의사로서 수백 명의 아이를 살해(낙태)했지만, 신념에 찬 그녀의 행동을 맹목적으로 비난할 수만도 없었습니다. '고모'는 '한 가정 한 자녀' 정책만이 남존여비 사상이 뿌리 깊은 중국 사회에서 아들을 낳기 위해 자궁이 흘러내릴 때까지 아이를 '생산'하는 여자들의 운명을 바꿀 수 있다고 믿었기 때문입니다.

중국의 시대상을 재미있게 풍자한 위화의 〈허삼관 매혈기〉와 파란만장한 역사의 소용돌이 속에서 살아남은 자의 인생을 이야기한 〈인생〉을 읽고는 과연 한국인이 사랑하는 중국 작가답다고 생각했습니다. 두 작품 모두 영화화되면서 큰 인기를 끌었는데 원작 소설의 맛을 살리기에는 많이 부족하지 않았나 싶습니다. 위화는 소설 외에도 〈사람의 목소리는 빛보다 멀리 간다〉, 〈우리는 거대한 차이 속에 살고 있다〉와 같은 에세이에서도 탁월한 필력을 보여주었죠. 문화대혁명과 천안문 사건 등을 직접 겪은 작가는 책을 통해 솔직하고 담백한 어투로 시대의 비극과 부조리한 현실을 꼬집었는데, 특유의 해학과 위트가 돋보입니다.

중국에서는 유명하지만 한국에서는 아직 낯선 작가들의 책도 많이 접했습니다. 그중에서 옌롄커(阎连科)의 〈인

김정자

민을 위해 복무하라〉와 〈풍아송〉, 류전윈(刘震云)의 〈닭털 같은 나날〉과 〈말 한마디 때문에〉 등의 작품은 신선한 충격을 안겨 주었습니다. 특히 옌롄커는 2016년 한강 작가와 함께 맨부커상 최종 후보에 오르기도 한 중국의 내로라하는 작가인데도 한국에서 주목 받지 못하고 있는 것 같아 안타까웠습니다.

중국 문학에서 저평가되고 있는 무협지도 찾아 읽었습니다. 그동안 저는 출판번역과 함께 게임번역도 꾸준히 했습니다. 대부분의 게임이 김용의 무협지를 바탕으로 만들어졌음에도 그의 작품을 제대로 읽어 본 적이 없었습니다. 늘 바쁘다는 핑계로 하기 싫은 숙제를 뒤로 미루기만 한 셈이죠. 미루고 미루다, 마음먹고 〈사조영웅전(전 8권)〉과 〈신조협려(전 8권)〉를 읽었는데 의외의 재미를 느꼈답니다. 시련을 딛고 성장하는 주인공과 그를 따르는 추종자들의 이야기는 권선징악이라는 기본 구조에 역사적인 사건이 가미되면서 더욱 풍성해졌습니다. 역사적인 배경을 몰라도 무협지에 나오는 등장인물이나 권법과 무공, 무기의 명칭만 잘 봐 둬도 번역할 때 활용할 수 있겠다 싶어서 따로 정리해 두었습니다. 실제로 책에 나온 비무초친, 구음진경, 화산논검, 논공행상 등은 게임번역을 할 때마다 단

골처럼 등장하는 용어랍니다. 늘 무슨 뜻인지 몰라 애를 먹었는데 무협지를 보고 나서야 고개가 끄덕여지더군요.

그 밖에도 한한(韩寒)이나 장자자(张嘉佳)와 같은 SNS 작가와 〈보보경심〉을 쓴 동화(桐华), 〈랑야방〉을 쓴 하이옌(海宴) 같은 웹 소설 작가에게도 관심을 가졌습니다. 한국뿐만 아니라 중국도 창작의 영역이 점점 확대되면서 다양한 작품들이 등장하고 있답니다.

김정자

출판번역 시장 엿보기

출판번역을 시작하고 한동안은 수동적으로 일을 했습니다. 초보 번역가 시절에는 저에게 일을 주는 것만으로도 감지덕지라는 생각에 저자세로 임했죠. 그때는 업체에서 요구하는 대로 하지 않으면 일이 끊길지도 모른다는 생각이 강했고, 일을 거절하거나 의견을 제시할 방법도 제대로 알지 못했습니다. 순진하고 소극적이었던 제가 바뀌기 시작한 건 대학원과 회사를 거쳐 본격적으로 프리랜서가 되겠다고 마음먹고 난 뒤부터입니다. 아마도 고향을 떠나 서울에서 혼자 살며 단단해진 것도 있고 조직생활과 사회생활을 거치며 좀 더 씩씩해진 덕분이 아닐까 싶어요.

회사를 그만두고 가장 먼저 한 일은 그동안 투잡으로 일

했던 번역회사 몇 곳에 메일을 보내 풀타임 프리랜서가 되었다는 사실을 적극적으로 알린 겁니다. 그리고 담당 에디터를 찾아가 제가 하고 싶었던 소설과 에세이 분야의 책을 할당해 달라고 부탁했습니다. 번역가로 살겠다고 마음먹었으니, 제가 하고 싶은 분야에 집중하며 즐겁게 일하고 싶었습니다. 중국 온라인 서점을 들락거리며 어떤 책이 잘 팔리는지 예의 주시하게 된 것도 그 무렵부터입니다.

내가 무엇을 원하는지, 앞으로 어떤 번역가가 될지 미래의 청사진을 그리기 위해서는 현재 출판시장을 이해할 필요가 있습니다. 대학과 통번역 대학원에서 중국어와 번역 공부는 많이 했지만 정작 출판시장에서 번역서가 차지하는 위치나 중국어 외서 현황에 대해서는 아는 바가 없었습니다. '이제라도 늦지 않았어!'라는 생각으로 관련 정보와 통계를 찾아봤습니다. 마침 대한출판문화협회에서 작성한 '2015년 출판통계'에 외국도서 번역 출판 현황이 포함되어 있었습니다.

'2015년 출판통계'에 따르면 전체 발행 종수(4만 5,213종) 중 번역서가 차지하는 비중은 21.5%(9,714종)로 전년도 21.8%(1만 396종)에 비해 소폭 감소했습니다. 번역서는 일본과 미국 등 일부 국가에 편중된 모습을 보였으며,

김정자

분야별로는 문학(2457종), 만화(2033종), 아동(1374종) 순으로, 국가별로는 일본(4088종), 미국(2741종), 영국(752종), 프랑스(496종), 중국(480종), 독일(344종)순으로 번역 출간된 것으로 집계되었습니다. 다시 말해, 2015년 시중에 출간된 책 10권 중 2권 이상이 번역서이며, 국내서적을 포함해 신간 10권 중 1권은 일본 서적이라는 말입니다. 그렇게 따지면 중국 서적은 100권 중 1권 꼴로 발간된 셈입니다.

제가 주목한 것은 주요 국가별 번역 출판 현황입니다. 한국에 출판된 번역서 중 비중이 가장 높은 분야는 철학(42%), 만화(29%), 순수과학(27%) 순인데 비해, 중국 서적의 비중은 문학(35%), 철학(15.8%), 사회과학(15.4%) 순이었습니다. 시장의 수요가 높은 분야를 알고 있으면 원서를 발굴하거나 외서 검토서를 작성할 때 좋은 참고자료가 됩니다. 수치화된 통계를 보고 나서야 저는 에디터에게 소설과 에세이를 하고 싶다고 어필한 게 무리한 주장은 아니었구나 하는 생각이 들었습니다.

경력이 오래된 번역가는 전문 분야를 정한 경우가 많은데 아직 자기 분야를 정하지 못했다면 이러한 자료가 방향을 잡는 데 좋은 참고자료가 될 수도 있습니다. 저는 아직

저만의 전문 분야를 찾지 못했습니다. 워낙 잡다하게 일을 한 까닭도 있지만 한 우물을 파지 않았다는 의미도 됩니다. 번역이라는 테두리 안에 머문 지 10년이 넘었는데도 여전히 모르는 거 투성이고 배워야 할 게 참 많다는 생각이 들어요.

김정자

김정자 •••

更撇了家，连电话号码也改了。

从那以后，我和那露失去了联络。每次坐车经过界限街那一带旧楼，我总会不期然地想起她，想念那段如水的深韵。

那露和我，直到差不多两年后才重逢。

那是一九八一年的秋天。1981

眼前的那露出落得更漂亮了。她那头浅栗色的长发更成波浪形，身上穿着一套黑色西装上衣和同色的直筒长裙，脚上一双黑亮亮的高跟鞋，露出修长的小腿。

那是我们店里的制服。

要是当时我们比如今再老一些，我们也许会觉得生真是个嘲讽。那露和我读书时最爱逛时装店，鼻子贴到玻璃上时着那些高级成衣惊叹。几年后，我们两个和一环一家名店当了店员，天天望着那些我们永远不起的昂贵衣裳，眼巴巴地看着它们穿在那些比不们漂亮，却比我们老的女人身上。

那露比我早一年进那家店。我们相遇的那天，是她认出我的。

「明真，你头发长了许多啊。」她朝我咧嘴笑笑，那

♥ thelinebooks님 외 10명

#중국어 #100일번역 #펜수집가 #빨간펜선생님 #밑줄짝 #별세개 #메모

파란 펜과 빨간 펜으로 원서 읽는 법

원서 필사를 본격적으로 시작하기 전에 모르는 단어를 건너 뛰며 한 차례 빠르게 훑었다. 필사를 하다 보면 전체적인 흐름을 놓치는 경우가 종종 있는데 미리 읽어 두면 내용 파악에 유리하다. 필사할 때는 파란 펜과 빨간 펜을 들고 최대한 천천히 읽는다. 읽으면서 모르는 단어는 파란 펜으로 밑줄을 긋고, 고유명사는 네모 표시를 한다. 사실 확인이 필요한 역사적인 사건이나 인명, 나이, 연도 등은 꼼꼼히 검색한다. 빨간 펜은 중요한 문장이나 의미를 여러 번 곱씹어봐야 할 문장에 표시할 때 사용한다. 단어와 고유명사의 뜻을 검색했다면 노트에 필사를 시작한다.

책에 낙서를 하거나 밑줄을 그어 더럽히는 걸 싫어하는 사람들이 있다. 하지만 번역할 책은 최대한 '더럽게' 보는 게 좋다. 필사도 최종적으로는 번역을 목적으로 하는 것이니 마음껏 낙서하고 기억해야 할 내용이 있으면 공란에 메모한다. 사소한 것 같아도 나중에 번역할 때 큰 도움이 된다.

아침형 번역가

100일 번역마늘 프로젝트의 핵심은 스스로 세운 계획에 따라 매일 공부하고 정해진 시간 안에 완료하는 데 있습니다. 하루 이틀도 아니고 100일 동안 매일 공부하고 밤 12시까지 인증샷을 찍어 올리려면 성실해야 하죠. 100일 공부를 시작할 때는 의욕이 앞섰습니다. 평소 호기심이 많아서 100일 번역마늘 프로젝트가 새로운 장난감처럼 느껴졌습니다. 하지만 새 장난감에 대한 흥미가 떨어지자 제가 넘어야 할 산이 생각보다 높고 험하다는 사실을 깨달았습니다. 콩깍지가 벗겨지고 상대의 민낯을 보았을 때의 기분이랄까요?

프리랜서 번역가로서 제 일을 하면서 매일 마감이 정해진 공부를 한다는 것이 업무처럼 느껴졌습니다. 밤 12시

김정자

마감이라는 장치는 불규칙적이고 제멋대로인 제 일상과 어울리지 않았습니다. 툭하면 밤낮이 바뀌는 올빼미 생활은 하루의 경계를 모호하게 만들었죠. 밤 12시를 앞두고 부랴부랴 글을 올리는 위태위태한 생활이 이어졌습니다. 그러다가는 100일은커녕 50일도 넘기지 못하고 낙오될 것 같았어요.

올빼미 생활은 제가 늘 바꾸고 싶은 습관 중에 하나였습니다. 프리랜서는 매일 정해진 시간에 출근할 일이 없으니 새벽까지 깨어 있거나 밤낮이 바뀌는 불규칙한 생활을 하기 쉽습니다. 올빼미 생활이 체질에 맞는 사람이라면 상관없지만 저는 밤을 새울 때마다 수명이 줄어드는 것 같은 기분이 들었습니다. 올빼미 생활을 청산하고 싶은 마음은 굴뚝 같아도 실천하기는 하늘의 별 따기만큼 어려웠습니다. 몇 번을 시도해도 제자리로 돌아오곤 했으니까요.

저는 100일 번역마늘 프로젝트의 힘을 빌려 보기로 했습니다. 아침형 번역가가 되겠다는 큰 포부를 안고 기상 인증을 시작했죠. 목표는 전날 밤 12시 전에 잠들고 다음 날 아침 5~7시에 일어나는 것입니다. 아침에 일어나면 기상 시간이 보이도록 사진을 찍어 인스타그램에 올렸습니다. 실천 일지를 연재하는 카페에 공지를 올리니 함께 하고 싶다는 사람들이 많았습니다. 서로 팔로우를 하고 기상 인증을 할 때마다 응원의 '하트'를 주고받았죠.

프리랜서도 일찍 자고 일찍 일어나는 건강한 생활을 할 수 있다는 걸 보여 주고 싶었습니다. 아침형 인간이 되어 시간을 효율적으로 사용하고 싶었죠. 물론 마음먹었다고 단번에 바뀔 거라고 기대하지는 않았습니다. 하지만 함께하는 사람도, 지켜보는 사람도 있으니 각오가 남달랐습니다. 때때로 강제성과 책임감은 좋은 원동력이 됩니다.

100일 번역마늘 프로젝트 32일차에 시작한 기상 인증은 프로젝트가 끝날 때까지 계속되었습니다. 공개적으로 기상 인증을 하고, 보는 눈이 생기니 초반부터 큰 효과가 나타났습니다. 새벽 3~4시에 일어나는 날도 있었고 7~8시에 일어나는 날도 많았습니다. 하지만 그런 날엔 어김없이 낮잠이 미친 듯이 쏟아졌습니다. 아침에 눈을 뜨는 것보다 충분한 수면 시간을 확보하는 게 더 중요하다는 사실을 깨달았죠. 마감일이 가까워질수록 다시 밤을 새우는 날이 많아졌습니다. 그때는 기상 인증이고 아침형 인간이고 뭐고 다 포기하고 싶은 마음도 들었습니다.

'하루만 더 해 보자'라는 마음으로 버텼습니다. 길게 볼 것도 없고 '그냥 딱 하루만 완벽하게 살아 보자. 맑은 정신

김정자

으로 아침에 일어나 운동하고 일하고 공부하고 맛있게 식사를 하고 적당한 시간에 자는 게 그렇게 어려운 일인가?' 그런 생각이 들었습니다. 평생 그렇게 살라고 하면 못 할 것 같은데 '딱 하루'면 가능할 것 같았습니다. 그때 다짐한 '딱 하루'가 이어져 오늘까지 왔습니다.

두 달쯤 지나니 안정기가 찾아왔습니다. 특별한 노력 없이도 아침 6~8시에 일어나고 12시 전에 잠자리에 드는 게 가능해졌습니다. 물론 사람이 늘 완벽할 수는 없죠. 여전히 가끔은 밤을 새우고 늦잠을 자고 낮에 졸기도 합니다. 하지만 적어도 주 5일 이상은 아침 일찍 일어나서 운동을 하고 독서를 한 뒤 여유롭게 제 업무인 번역을 시작합니다. 그리고 사람들을 만나면 당당하게 아침형 번역가임을 밝힙니다.

매일 글쓰기

100일 번역마늘 프로젝트를 하면서 가장 큰 성과는 매일 글 쓰는 습관을 키운 것입니다. 독서와 필사, 원서 읽기, 중국 시사 및 역사 공부, 번역하기로 구성된 100일 번역마늘 프로젝트 계획표에는 글쓰기가 포함돼 있진 않습니다. 매일 글쓰기는 온라인 카페에 실천 일지를 연재하기로 하면서 시작되었습니다.

매일 정해진 분량의 공부를 마친 뒤 인증샷과 함께 100일 프로젝트를 실천하면서 느낀 점과 관련 에피소드를 카페에 올렸습니다. 번역가로서 제가 세운 계획과 공부법을 공유하기도 하고, 100일 프로젝트에 참여하는 사람들과 격려의 말을 주고받으며 힘을 얻었죠.

처음 연재를 시작할 때는 무슨 말을 해야 할지 몰라 서너 줄을 쓰는 데도 많은 시간이 걸렸어요. 그때는 100일 프로젝트를 하는 것보다 카페에 글을 쓰는 데 더 큰 부담을 느꼈습니다. 평소 블로그나 다른 공간에 글을 쓰기는 했지만 100일 프로젝트라는 한 가지 주제에 대해 매일 글을 쓰는 일은 쉽지 않았습니다. 게다가 반말투에 익숙해진 터라 갑자기 합쇼체나 해요체로 글을 쓰려니 온몸이 오글거리고 낯간지러운 기분이 들었습니다. 소재가 고갈되면 머리카락을 쥐어뜯었고 한 고비를 넘기면 다음 날 에피소드를 고민하느라 밤잠을 설쳤습니다.

하지만 인간은 적응의 동물이라는 말처럼 저 역시 시간이 지날수록 서서히 적응해 갔습니다. 밥이 됐든 죽이 됐든 매일 쓰다 보니 어느 순간 그게 제 일처럼 느껴지기 시작했습니다. 잡문 수준이지만 그렇게라도 매일 쓰니 문장력도 느는 것 같고 글쓰기에 대한 부담도 줄어들었습니다. 뿐만 아니라, 제 글을 읽고 공감한 이들과 댓글로 소통하면서 글 쓰는 재미가 더해졌죠.

글쓰기는 제가 가장 잘 하고 싶은 분야입니다. 번역도 기본적으로는 글쓰기의 일종이기 때문에 번역가의 필력이 번역의 품질을 결정합니다. '글 쓰는 번역가'를 꿈꾸는 저로서는 더더욱 글쓰기를 소홀히 할 수 없었어요. 그동안 글 솜씨를 늘리기 위해 다양한 강의도 들어 봤고 관련 스터디도 해 봤습니다. 그때마다 선생님들이 강조한 것은 같았습니다. 글을 잘 쓰고 싶다면 매일 쓰라는 것입니다. 그런 의미에서 100일 프로젝트는 좋은 계기가 되었습니다. 정해진 시간 안에 매일 글을 써야 하는 강제성을 부여해 준 덕분에 글쓰기 훈련을 하게 됐으니까요.

100일 동안 저는 180건이 넘는 글을 썼습니다. 100일 실천 일지 외에도 독서, 영화 감상문과 개인적인 생각을 풀어 쓴 글 등이 포함됩니다. 개중에는 서너 줄짜리 짧은 글부터 A4 한두 장에 이르는 긴 글도 있습니다. 분량에 상관없이 모두 소중한 기록입니다. 그동안 공부한 흔적이 고스란히 남아서 100일 동안 성실하게 잘했구나 스스로 뿌듯하기도 했죠.

100일 동안 힘들게 만든 글쓰기 습관을 계속 유지할 방법을 고민하다가 글쓰기 클럽에 가입했습니다. 주제와 분량에 제한 없이 일주일에 4회 이상 글을 써서 비공개 게시판에 올리는 것입니다. 공개된 블로그나 카페가 아닌 비공개 게시판에 글을 올리니 한결 마음이 편해졌습니다. 꾸미지 않고 솔직한 글이 써지니 더 재미가 붙었죠. 언젠가는 번역가를 주인공으로 하는 소설을 써 보고 싶다는 생각도

김정자

했어요. 늘 저자에 가려져 주목받지 못하는 번역가의 설움을 느껴서인지도 모르겠습니다. 지금은 요원한 꿈에 불과하지만 이렇게 매일 쓰다 보면 언젠가는 가능할 거라 생각합니다.

번역가 중에는 작가를 겸하는 분들이 꽤 있습니다. 안정효, 이윤기, 정영목, 배수아 등은 작가이자 번역가로 능력을 인정 받은 분들입니다. 저도 그분들을 본받아 글 쓰는 번역가의 삶을 살고 싶습니다.

김정자　　　　　　　　　　　　•••

♥　💬　✈　　　　　　　　　🔖

♥ thelinebooks님 외 10명

#중국어 #100일번역 #이야기중국사 #삼국시대 #삼국지 #삼국지연의 #그땐그랬지

🏠　　🔍　　➕　　♥　　👤

내가 읽은 삼국지는 삼국지가 아니다

오늘은 〈이야기 중국사(청아출판사)〉의 '삼국 시대' 부분을 공부했다. 내가 고등학교 때는 이문열의 〈삼국지(민음사)〉가 인기 도서였다. 학교 도서실에 들락날락하며 10권에 달하는 장편소설을 탐독했던 기억이 난다. 지금 생각해 보니 당시 나는 뭣도 모르고 삼국지를 읽었다. 그저 유비, 관우, 장비가 조조를 물리치는 이야기에만 관심이 있었다. 앞뒤 상황이나 시대 배경은 제쳐 두고 영웅들의 활약상에 열광했다. 그로부터 한참이 지나서야 〈삼국지〉와 〈삼국지연의〉를 구분하게 됐고, 내가 읽은 삼국지가 정통의 〈삼국지〉가 아니라는 사실을 깨달았다.

원래 〈삼국지(三国志)〉는 진(晋)나라 학자 진수(陈寿)가 편찬한 정통 역사서로 위서(魏书) 30권, 촉서(蜀书) 15권, 오서(吴书) 20권, 총 65권으로 이루어졌다. 나관중(罗贯中)의 〈삼국지연의(三国志演义)〉는 진수의 〈삼국지〉에 서술된 위, 촉, 오 3국의 역사를 바탕으로 전승되어 온 이야기들을 모아 재구성한 소설이다. 따라서 후한 말, 유비, 관우, 장비가 도원에서 형제의 의를 맺는 데서 시작한다. 이문열의 〈삼국지〉는 나관중의 〈삼국지연의〉를 재해석하여 번역한 책이니, 진수의 〈삼국지〉와는 완전히 다른 책인 셈이다. 하지만 어릴 때 〈삼국지〉를 읽었던 경험이 헛되지는 않았다고 생각한다. 알고 읽었든 모르고 읽었든 유비, 관우, 장비, 제갈량, 손권, 여포, 조조 등 중국의 영웅들에 깊은 인상을 받았고 아직까지도 흥미로운 이야기로 기억하고 있으니까.

공부하는 번역가

'배움에는 끝이 없다'는 말을 번역가만큼 뼈저리게 느끼는 사람이 또 있을까요? 번역가에게 공부는 숙명과도 같습니다. 공부하지 않는 번역가는 도태되기 마련이며 억지로 버틴다 해도 한계에 부딪칠 수밖에 없기 때문입니다.

번역을 하다 보면 다양한 분야를 접하게 됩니다. 저만 해도 인문, 철학, 의학, 역사, 피부 미용, 자기계발 분야의 책들은 물론이고, 군사, 식물, 기계, 철강, 휴대폰, 게임 시나리오 등의 다양한 문서를 번역해 봤습니다. 스파이 관련책을 번역할 때는 도서관에서 스파이에 관한 책이란 책은 모조리 빌려 읽고 세계사까지 공부해야 했습니다. 심리학 책을 번역할 때는 온갖 심리학 책에 영어로 된 논문까지

김정자

검색해 봐야 했습니다. 특히 인문, 사회 분야는 고유명사나 연도, 수치 등의 사실 확인이 상당히 중요합니다. 꼼꼼하게 확인하지 않으면 1914년에 발발한 1차 세계대전을 2차 세계대전이라고 한다거나 세계적인 스파이 마타 하리(Mata Hari)를 남자로 번역하는 심각한 오류를 범할 수도 있습니다. 단어 하나를 번역하는 데 하루 종일 걸린다 해도 피할 길은 없습니다. 초보 번역가 시절에는 '이렇게까지 해야 되나?' 하는 의문이 들기도 했지만, 지금은 자료를 보고 공부하는 시간과 노력이 증가할수록 번역의 질도 올라간다는 사실을 잘 알기에 불평하지 않습니다.

번역가의 자질 중에서 정확성만큼 중요한 게 있다면 속도입니다. 평소 박학다식하고 공부를 많이 한 사람이라면 생소한 분야를 번역하더라도 좀 더 빠르게 적응할 수 있습니다. 박학다식하지 못한 저 같은 번역가가 실력을 키울 수 있는 방법은 꾸준한 공부밖에 없다고 생각했습니다. 다양한 책을 읽고 관심 분야를 꾸준히 넓혀 가고 싶었습니다. 매일 공부하는 습관을 들일 수 있다면 더할 나위 없죠. 100일 번역마늘 프로젝트에 구미가 당긴 건 그런 제 욕구와 맞아 떨어졌기 때문입니다. 100일은 뭐든 습관을 들이기 딱 좋은 기간입니다. 3개월하고도 열흘 남짓. 길다면 길고 짧다면 짧은 기간 동안 스스로 공부 계획을 세우고 매일 실천하는 일이 버겁게 느껴지기도 했습니다. 하지만 이 기회에 평소에 필요성을 느끼면서도 쉽사리 시작하지 못했던 중국 뉴스 읽기와 역사 공부를 해 보자고 마음먹었죠.

중국 뉴스는 통번역 대학원을 다닐 때 질리도록 봐서 그런지 학교를 졸업하고 나서는 잘 쳐다보지 않게 되었습니다. 떨어진 감을 되찾기 위해 정치, 경제, 사회, 패션, 연예 면으로 나누고 인터넷 뉴스와 중국 잡지를 보며 기사를 수집하고 단어 정리를 했습니다. 기사를 읽고 공부하는 것보다 하나의 기사를 고르는 과정 자체가 큰 공부가 되었습니다. 처음에는 아무 기사나 뽑아서 봐도 좋을 거라 생각했지만 시간이 지날수록 욕심이 생겼습니다. 이왕이면 더 정제된 기사, 술술 읽히는 기사를 읽고 싶어졌죠. 양질의 글을 읽고 싶은 욕구는 더 많은 기사를 검색하게 만들었습니다. 중국에 무슨 일이 일어나고 있는지 실시간으로 확인하는 재미가 컸습니다. 한국에서 일어난 사건에 대한 중국의 시각을 보는 것도 흥미로웠습니다.

역사는 국사와 중국사, 세계사까지 제가 반드시 한 번은 짚고 넘어가리라 다짐한 분야입니다. 하지만 이게 말처럼 쉽지가 않습니다. 관련 책은 보이는 족족 사다 놓았지만 책

김정자

100일 번역마늘 프로젝트 때 읽은 〈이야기 중국사(김희영 저, 청아출판사)〉

장에 갇힌 책들은 바깥 구경을 할 새가 없었어요. 요즘 같은 디지털 시대에 궁금할 때마다 인터넷으로 검색하면 그만이라고 생각할지도 모르겠습니다. 하지만 제가 원하는 건 한 번 보고 휘발되어 버리는 '일회성 정보'가 아니라 곱씹고 되짚어 볼 수 있는 '숙성된 지식'이었습니다. 물론 완전히 내 것으로 만들기 위해서는 한 번 훑는 것으로 부족합니다. 그럼에도 시도해야 할 이유는 바로 처음이 있어야 그다음 단계로 넘어갈 수 있기 때문입니다. 시작조차 하지 않는다면 영원히 제자리에 머물 뿐입니다. 이왕이면 정공법으로 접근하자 싶어 가장 두꺼운 중국사 책을 골랐습니다.

600페이지가 넘는 3권짜리 중국사 책을 20일로 나눠 읽고 인물과 사건 위주로 노트 필기를 했습니다. 그래도 부족한 내용은 인터넷과 세계사 책을 참고했습니다. 처음에는 중국사 책 3권이면 충분하겠다 싶었는데 그건 제 착각이었습니다. 공부에 '충분한 것'이란 없었습니다. 2천 년이 넘는 역사를 단 3권으로 이해하려고 했던 제가 어리석게 느껴졌죠. 100일 번역마늘 프로젝트가 끝난 후에는 좀 더 정통적인 역사서 〈사기(史记)〉를 공부하기로 마음먹었답니다.

김정자

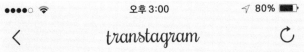

김정자 · · ·

♥ thelinebooks님 외 10명
#중국어 #100일번역 #홍안로수 #잼나요 #카페라테 #밀크커피 #같은뜻
#고민고민

카페라테 OR 밀크 커피

원서 〈홍안로수〉를 번역하던 중 '牛奶咖啡'를 '카페라테'로 번역할지 '밀크커피'로 번역할지 고민했다. 처음에는 책의 시대배경인 1981년도의 중국을 생각하며 '밀크커피'라고 번역했다. '카페라테'라고 하면 너무 세련된 느낌이라 옛날 커피숍 느낌이 살지 않을 것 같아서다. 사실 '카페라테'와 '밀크커피'는 똑같은 뜻이다. '밀크커피'는 영어고 '카페라테'는 이탈리아어. 그런데 나중에 주인공이 우유 거품으로 꽃잎을 그린다는 얘기가 나오길래 다시 '카페라테'로 바꿨다. 똑같은 뜻이라고는 하지만 아직까지 한국에서 '밀크커피'라고 하면 거품이 일지 않는 다방 커피를 떠올리기 때문이다. 이처럼 같은 단어라도 상황과 분위기에 따라 다른 어휘로 번역된다. 번역에 정답은 없지만 늘 고민하고 선택하는 것은 번역가의 몫이다. 이 때문에 번역이 괴롭기도 하지만, 또 이 때문에 번역이 즐겁기도 하다.

PART 4
중국어 번역가의 일상 엿보기

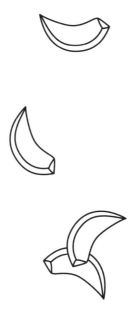

번역가에 대한 편견과 오해

잘 다니던 회사를 그만두고 프리랜서 번역가로 살겠다고 선언했을 때 부모님은 마뜩잖은 반응을 보였습니다. 회사에서 매달 꼬박꼬박 주는 월급 받아쓰다가 적당한 사람이랑 결혼해서 살면 좋지 않냐는 잔소리를 멈추지 않았습니다. 프리랜서가 된 지 7년이 넘은 지금까지도 부모님은 종종 저를 '백수'나 '루저' 취급을 합니다. 여전히 정장을 갖춰 입고 아침에 출근했다가 저녁에 퇴근하는 평범한 직장인의 삶으로 돌아가길 원하는 거죠. 하지만 제가 과거의 삶으로 복귀하는 일은 없을 것입니다.

번역가에 대한 편견과 오해는 극과 극으로 나타납니다. 매체의 영향 탓인지 사람들은 번역가라고 하면 좁고 어두운 골방에 앉아 초췌한 몰골로 밤새 일하는 모습을 떠올립

김정자

니다. 번역가란 덥수룩한 머리에 헐렁한 트레이닝복을 입고 끼니는 인스턴트로 해결하는 사람, 알이 두꺼운 뿔테 안경을 끼고 책에 파묻혀 살며 불규칙한 생활에 익숙한 사람, 일정한 수입이 없어 늘 가난하고 사람들과의 접촉을 꺼리는 사람쯤으로 생각합니다. 이와 반대로, 두둑한 원고료와 인세로 먹고 살며 아무 때고 훌쩍 여행을 떠나거나 쉬고 싶으면 쉬고 일하고 싶을 때만 일하는 사람이라고 생각하기도 합니다. 전자는 동정의 시선이고 후자는 동경의 시선입니다.

실제는 극과 극의 중간쯤에 있을 것입니다. 일에 따라 차이가 있긴 하지만 마감이 코앞으로 다가온 게 아니라면 시간을 탄력적으로 사용할 수 있는 건 사실입니다. 그렇다고 아무 때고 훌쩍 여행을 떠나거나 쉬고 싶을 때 마음껏 쉴 수 있는 건 아닙니다. 언제 일이 들어올지 알 수 없으니 어딜 가든 늘 일할 준비가 되어 있어야 합니다. 여행 중에 일이 들어오면 몇 날 며칠이고 숙소에 처박혀 노트북을 끼고 살아야 합니다.

프리랜서로 일한 지 얼마 되지 않아 전주로 2박 3일 여행을 떠났을 때가 기억납니다. 몇 달 전부터 잡은 계획이라 짐을 꾸려 떠나긴 했지만 일이 들어오면 어쩌나 노심초사하며 무거운 노트북을 짊어지고 다녔습니다. 지금이라면 짧은 여행이니 일이 들어온다 해도 융통성을 발휘해 일정을 조정했을 텐데 그때는 업체가 요구하는 일정을 무조건 따라야 하는 줄 알았거든요. 결과적으로 여행 중에 일은 들어오지 않았고 노트북은 돌아오는 기차에서 영화 관람용으로 사용했습니다.

책을 번역했다고 하면 인세를 받는 줄 아는 사람이 많습니다. 하지만 제 주변에 인세 계약을 한 번역가는 소수에 불과하며 잘 나가는 번역가가 아니라면 인세 계약이 좋은 것만도 아닙니다. 책이 팔리지 않으면 말도 안 되게 낮은 번역료를 받게 되니까요.

일을 잘해 주고도 업체가 망하거나 재정이 어려워졌다는 이유로 번역료를 떼이거나 제때 받지 못하는 경우도 있습니다. 저도 번역료를 떼인 적이 있습니다. 적은 분량의 산업 번역이었는데 납품한 뒤 정산일이 지나도 번역료가 지급되지 않자 바로 문의를 했습니다. 처음에는 회사 사정이 어려우니 한 달만 기다려 달라는 정중한 메일을 보내기에 그러려니 했습니다. 하지만 몇 달이 지나도 번역료는 지급되지 않았고, 저는 5, 6개월에 걸쳐 수차례의 독촉 메일과 전화, 문자를 보내고서야 겨우 절반을 받아 냈습니다.

김정자

그리고 나머지 절반은 포기할 수밖에 없었습니다. 30만원도 안 되는 소액이라 소송을 걸면 배보다 배꼽이 더 커질 게 뻔했고 계속 신경 쓰며 스트레스 받느니 좋은 경험 했다 치고 잊어버리는 게 정신건강에 좋을 것 같았거든요. 그때부터 새로운 회사와 거래를 틀 때는 적은 분량의 일을 먼저 해 보고 번역료를 잘 주는 회사인지 확인부터 했습니다. 안 그래도 버티기 힘든 번역 시장에서 이런 악덕 업체가 버젓이 영업을 하고 있어서 번역가들 사정이 더욱 힘들어지는 거죠.

그렇다고 지나친 동정은 사절입니다. 전업 번역가로 자리를 잡을 때까지는 닥치는 대로 일을 하고 들쑥날쑥한 수입 탓에 재정난을 겪기도 하지만 어느 정도 시간이 지나면 그런 생활도 서서히 적응되고 안정을 찾아갑니다. 아침, 저녁으로 치르는 출퇴근 전쟁에서 해방되는 것은 물론이고 회사 행사나 회식에 억지로 끌려 다니지 않아도 됩니다. 보고서를 작성하거나 주간 회의에 참석할 일도 없고, 인사고과를 신경 쓰느라 상사 눈치를 볼 필요도 없습니다.

마감을 앞둔 경우에는 씻을 시간도 없이 밤낮으로 일하며 인스턴트로 끼니를 해결하는 것도 사실이지만 다른 직업이라고 해서 다 편하기만 한 것도 아닙니다. 따라서 번역가라고 특별히 더 힘들게 일한다고 볼 수는 없습니다. 오히려 프리랜서라 누구의 눈치도 보지 않고 스스로 시간 관리를 할 수 있으니 다른 직업 군에 비해 편하게 일합니다.

그 밖에도 번역가는 밤에 일하고 낮에 자는 올빼미형 인간이라거나 내성적이어서 외부 활동을 싫어할 거라는 오해를 많이 받습니다. 번역가 중에 그런 사람이 없는 건 아닙니다. 하지만 칼 같이 아침에 일어나 정해진 분량의 일을 처리하고 삼시세끼 잘 챙겨 먹는 번역가도 적지 않으며, 강의나 세미나 등 외부 활동을 활발히 하는 멀티형 번역가도 많습니다.

부모님은 아직도 전화를 할 때마다 제가 정말 '잘 먹고 잘 사는지' 궁금해합니다. 부모님이 말하는 잘 먹고 잘 사는 게 뭔지는 정확히 모르겠지만, 10년이 다 돼 가도록 프리랜서 번역가로 버텼고 제가 좋아하는 번역을 하며 생계를 유지하니 '그럭저럭 잘 먹고 산다'고 해도 되지 않을까요?

직장은 없지만 직업은 있는 번역가

언젠가 보험 갱신을 하려고 우체국을 찾았습니다. 관련 서류를 작성하던 중 담당 직원이 제게 물었습니다. "혹시 직장 다니세요?" 별것 아닌 질문 하나에 머릿속에서는 오만 가지 생각이 교차했습니다. 제가 우체국을 찾아간 시간은 금요일 오전 11시 30분. 직장인이라면 쉽게 방문할 수 있는 시간이 아니었습니다. 젊어 보이는 여자가 평일 낮에 우체국에 와서 급할 것도 없는 보험 갱신이나 하고 있으니 궁금했던 걸까요? 아니면 별 생각 없이 던진 말이었을지도 모르겠습니다. 어쩌면 그래서 담당자도 질문에 '혹시'라는 부사를 덧붙인 것이겠죠. 바야흐로 '청년 백수 대란의 시대'인 만큼 '혹시'라는 부사가 없었다면 듣는 사람에 따라 기분이 상할 수도 있는 질문이니까요.

번역가는 시간과 장소에 얽매이지 않는 일의 특성상 미감이 코앞으로 다가온 게 아니라면 충분히 원하는 시간에 필요한 업무를 볼 수 있습니다. 휴식 시간과 식사 시간을 자유롭게 조정하고 취침 시간까지도 마음대로 할 수 있답니다. 일이 손에 안 잡히는 날엔 자체 휴가를 낼 수도 있습니다. 다음날 밤을 새워서라도 두 배로 일할 각오가 되어 있다면 말이죠. 자율성과 그에 따른 책임감은 프리랜서의 장점이자 단점으로 연결됩니다.

프리랜서의 자율성을 최대한 활용해 평일 낮 시간에 우체국을 찾은 저는 새삼스럽게 제가 직장이 없다는 사실을 깨달았습니다. 국어사전에 보면 직장이란 '사람들이 일정한 직업을 가지고 일하는 곳'입니다. 그렇습니다. 일반적으로 사람들이 생각하는 직장이란 사무실이나 회사 또는 소속된 그룹을 의미합니다. 전 어디에도 소속되어 있지 않으며, 출퇴근 하는 작업실이 따로 있는 게 아니었으니 엄밀히 말하면 직장이 없다고 봐도 무방했습니다.

하지만 반대로, 제게는 모든 곳이 사무실이 될 수 있습니다. 노트북을 펼쳐 놓을 테이블만 있으면 그곳이 바로 제 작업실이 됩니다. 주로 집에서 일하지만 답답하거나 바깥

김정자

바람을 쐬고 싶을 때는 커피숍이나 도서관이 작업실이 되기도 합니다. 그곳은 서울이 될 수도, 제주도가 될 수도, 상하이나 방콕이 될 수도 있습니다. 저는 이렇게 직장이 필요 없는 번역이 마음에 듭니다. 앞으로 누군가 다시 직장에 다니냐는 질문을 한다면 그때는 이렇게 대답해야겠습니다.

"직장은 없지만 직업은 있습니다."

게임번역의 세계

        과거 한국의 우수한 게임을 수입하던 중국은 경제의 고속성장에 힘입어 게임을 수출하는 나라로 발돋움했습니다. 모방력이 뛰어난 만큼 기술을 빠르게 습득하고 발전시킨 중국은 몇 년 전부터 엄청난 물량 공세를 펼치며 시장을 확장하고 있습니다. 그런 분위기를 타고 중국 게임을 수입하려는 한국 기업들도 증가했습니다. 중국 입장에서는 스타크래프트의 왕국, 게이머들의 성지로 불리는 한국 시장을 피할 이유가 없습니다. 더 넓은 시장을 확보하려는 중국에게 한국은 좋은 발판이기 때문입니다.

    그 흐름의 물꼬를 트는 곳에 번역 시장이 있고, 저와 같은 번역가들이 존재합니다. 게임번역은 이제 무시할 수 없

김정자

는 시장으로 성장했습니다. 대학원을 다니며 처음 번역을 시작한 지도 이미 10년이 넘었는데, 그동안 한 번도 게임 번임을 손에서 놔 본 적이 없습니다. 분량이 많든 적든, 프로젝트 기간이 길든 짧든 게임번역은 꾸준히 의뢰가 들어왔고, 제 일에서 차지하는 비율도 점점 늘어 갔습니다. 알게 모르게 게임번역 시장의 성장을 몸소 체험하게 된 셈입니다.

얼마 전만 해도 한 달에 A사의 게임번역을 13만 자나 처리했으며, 그로부터 두 달 전에 번역한 B사 게임의 빌드 테스트를 동시에 병행해야 했습니다. 빌드 테스트란 중국어에서 한국어로 번역한 문장을 게임에 입힌 뒤, 직접 게임을 하면서 문장의 오류를 잡아내거나 리라이팅하는 전 과정을 뜻합니다. 번역문이 제 위치에 들어가 있는지, 내용이 길거나 글자 크기가 너무 커서 화면에 안 잡히는 건 아닌지, 캐릭터나 NPC(Non-Player Character의 약자, 게임 안에서 플레이어가 직접 조종할 수 없는 캐릭터)의 말투가 어색하지는 않은지 등을 확인하고 수정합니다.

다시 말해, 빌드 테스트를 하기 위해서는 직접 게임을 플레이 해야 합니다. 퀘스트를 수행하고 모든 던전에 도전해 보스와 대화를 해 보고, 길드를 조직해서 팀플레이도 해야 합니다. 상점에서 아이템을 거래하고, 결투장에서 다른 유저와 PK를 진행하며, 각종 이벤트에도 참여합니다. 뭐든 다 눌러 보고 어디든 다 들어가기 위해서는 장비 승급과 캐릭터 레벨 업은 필수입니다. 이런 모든 작업을 단기간 안에 처리할 수 있도록 개발사에서는 골드와 다이아를 무한 지급합니다.

B사의 빌드 테스트를 할 때는 개발사로부터 골드 10억 개와 다이아 1억 개를 지급받았습니다. 평소 게임에 취미가 없던 저지만 엄청난 양의 골드와 다이아를 받고 나니 눈이 휘둥그래졌습니다. 게임 머니가 두둑하니 천하무적입니다. 게임 세계에서는 못 갈 곳이 없고 못 할 일이 없습니다. 게임 화면 우측 상단에 자리한 골드와 다이아의 숫자가 실시간으로 줄어들지만, 전혀 개의치 않습니다. 게임 머니는 펑펑 써도 남을 만큼 충분합니다. 게임이 이렇게 재미있는 거였나 싶은 생각마저 들었습니다. 하지만 빌드 테스트가 끝나고 정식으로 게임이 출시되면 1억 개의 다이아를 가진 제 캐릭터는 사라집니다. 그래도 괜찮습니다. 테스트를 무사히 마치고 제가 번역하고 테스트한 게임이 세상의 빛을 보게 된다면 다이아 1억 개쯤은 날려 버려도요!

김정자

비상 대피 시 번역가의 생존물품

"현재 오피스텔에 화재가 발생했으니 신속히 대피 바랍니다. 이것은 실제 상황입니다." 오피스텔에 3년 동안 거주하면서 두 번이나 화재가 발생해 한밤중에 대피한 적이 있습니다. 다행히 둘 다 큰 화재는 아니었지만 실제로 새빨간 불이 타오르고 매캐한 연기가 코끝을 찌르는 경험을 한 터라 비상 사이렌 소리에 다소 민감하게 반응하는 편입니다. 세 번째 울린 사이렌과 비상대피 방송은 기계 오작동으로 인한 해프닝으로 그쳤지만 비상계단으로 1층까지 내려가는 동안 철렁하는 마음은 가라앉지 않았습니다.

사실 기계 오작동은 종종 겪는 일입니다. 문제는 실제 상황이 아니라는 것을 확인하기 전까지는 안심할 수 없다는 데 있습니다. 따라서 사이렌이 울리면 하던 일을 멈추고 당장 밖으로 대피해야 합니다.

한번은 번역서 마감을 며칠 앞두고 새벽까지 일하던 중에 대피방송이 흘러 나왔습니다. 전기를 차단하고 가스밸브를 잠그고 귀중품을 챙기고 엘리베이터는 이용해선 안 되고… 알고 있던 상식은 무용지물이 되고 머릿속이 멍해졌습니다. 창문 틈과 환풍기로 매캐한 냄새가 스멀스멀 들어왔지만 당황한 저는 이러지도 저러지도 못하고 넋을 잃고 서 있었죠. "쿵쿵쿵!" 그때 누군가 문을 두드리며 밖으로 나오라는 소리를 듣고 허겁지겁 뛰쳐나갔던 기억이 납니다.

새벽 3시가 훌쩍 넘은 시각, 오피스텔 로비에는 자다 일어난 사람들로 북적거렸습니다. 그냥 빈 몸으로 내려온 사람이 있는가 하면 짐 가방을 손에 들거나 반려동물을 데리고 내려온 사람들도 눈에 띄었습니다. 트레이닝복 차림으로 내려온 제 손에는 전원이 꺼지지 않은 노트북만 덩그러니 들려 있었습니다. 저도 모르게 들고 나온 노트북을 보며 여러 가지 생각이 들었습니다. '이게 뭐라고…', '목숨이 경각에 달렸는데 고작 챙긴 게 노트북이라니!' 당시 노트북에는 몇 달간 번역 중이던 원고 파일이 들어 있었습니

김정자

다. 불이 옮겨 붙어 내 물건이 다 타 버리면 몇 달간 작업했던 결과물이 순식간에 날아가 버릴지 모른다는 생각을 무의식적으로 했던 모양이에요. 클라우드에 백업만 잘해 놨어도 괜한 걱정을 하지 않았을 텐데 왜 늘 뒤늦게 후회하는 걸까요? 그날을 계기로 백업하는 습관은 확실히 들였답니다.

정말 불길이 거세져 건물을 다 태워 버렸다면 담당자에게 뭐라고 설명했을까요? 화재로 작업 중이던 노트북이 타 버렸으니 다시 번역을 해야 한다고, 그러니 시간을 좀 더 줄 수 있느냐고 부탁했겠죠. 하지만 똑같은 책을 두 번 번역하는 일은 생각만으로도 끔찍합니다. 아마 다른 번역가에게 책을 넘겼을지도 모르겠습니다. 날아가 버린 원고에 대한 대가는 물론 받지 못할 테고요.

비상 대피 시 내게 가장 소중한 물건은 무엇인지 생각해 보았습니다. 위급한 순간 – 물론 본인의 안전을 확보하는 게 가장 중요하겠지만 – 단 하나의 물건만 챙길 수 있다면 무엇을 가지고 나갈 것인가? 저는 여전히 노트북을 포기할 수 없을 것 같습니다. 이것은 번역가의 투철한 책임감인 동시에 밥벌이를 하는 노동자의 악착같은 생존본능이라고 할 수 있습니다.

번역가의 업무 시간

　　　　　　　예전에 S시의 보도자료를 번역한 적이 있습니다. 보도자료란 행정 기관이나 민간 기업 등에서 언론용으로 발표할 문서를 뜻하는데 외국인들이 알아야 할 사항이면 중간에 번역가가 자료를 번역합니다. 보도자료를 받아 번역하고 원어민에게 감수를 맡긴 후 다시 수정하여 납품했습니다. 하지만 중간에 세 번이나 내용이 수정, 추가되는 데다 '긴급'을 요하는 바람에 덩달아 제 마음도 바빠졌습니다. 프리랜서라고 하면 아무 때나 일하고 쉬고 싶을 때 쉬는 줄 아는 사람들이 많지만 정말 대단한 착각이자 오해입니다.

　그때 일만 해도 기존 문서에서 추가된 내용을 빨리 번역해 달라고 요청했는데 제가 일할 준비가 안 되어 있었다면

　　　　　　　　　　김정자

여러 사람이 낭패를 봤을 겁니다. 물론 다른 번역가가 처리하는 방법도 있습니다. 하지만 누구보다 빠르고 정확하게 내용을 파악하고 처리할 수 있는 사람은 최초로 번역한 사람이기에 제가 하는 게 효율적입니다. 업체 입장에서도 갑자기 새로운 번역가를 구해 일부 수정된 문장만 번역하라고 요구하는 게 쉬운 일은 아닙니다. 사실 'ASAP(As Soon As Possible)' 상황에서는 이것저것 따질 겨를이 없습니다.

책 번역처럼 두세 달 정도 혼자 작업할 때는 시간을 비교적 자유롭게 사용할 수 있습니다. 하지만 그게 아니라면 번역가와 연결된 업체가 일하는 시간, 즉 '9 to 6'를 염두에 둬야 합니다. 긴급 상황이라면 일반적인 회사 퇴근 시간보다 한두 시간 전에 납품하는 게 예의입니다. 그래야 담당자가 문서를 열어서 확인하고, 수정 사항이 있을 경우 다시 문의를 할 수 있을 테니까요. 번역가의 납품 시간이 늦어질수록 해당 담당자의 퇴근 시간도 늦어진다는 사실만 기억하면 됩니다. 저 역시 아무리 시간이 부족해도 퇴근 시간인 오후 6시를 지키려고 노력하고 있습니다. 물론 업체에서 납품 날짜와 시간까지 정해 준 경우라면 예외겠죠.

이것은 문서 납품에만 해당되는 말은 아닙니다. 뭔가를 문의하고 관련 일 처리를 할 때도 마찬가지입니다. 가장 좋은 것은 프리랜서도 일반적인 업무 시간인 오전 9시에서 오후 6시까지 자리를 지키는 것입니다. 일이 있든 없든 언제든지 일을 시작할 수 있는 준비를 하는 것. 그게 프리랜서의 숙명 아닐까 싶습니다. 부득이하게 여행이나 외출로 먼 거리를 가야 한다면 노트북과 휴대폰, 보조 배터리는 필수겠죠?

김정자

번역가의 직업병

언젠가 한번은 몇 달째 계속되는 마감에 쫓기다 손가락에 병이 났습니다. 처음엔 어디에 부딪쳐서 다친 줄 알았습니다. 그런데 아무리 생각해도 그런 기억이 없었어요. 그러고 보니 손가락이 아프다고 생각한 지가 벌써 한 달이 넘었습니다. 뭔가 이상했죠. 제가 모르는 사이 다쳤다 해도 한 달이면 낫거나 증상이 약화돼야 하는데 통증은 점점 심해졌습니다. 열 손가락이 저릿저릿하고 얼얼했으며, 열이 나고 약간씩 붓는 것도 같았습니다. 그중에서도 오른손 엄지와 검지는 심하게 욱신거리고 찌르는 듯한 통증이 느껴졌어요. 급기야 연필을 잡는 것조차 힘들 정도로 악화되었습니다. 오른손 엄지와 검지를 구부려 힘을 주려고 하면 찌르르한 통증이 밀려왔습니다. 연필을 쥐면 손가락이 살짝 떨리면서 힘이 빠지고 말았죠. 툭, 데구르르. 저 멀리 굴러가는 연필을 보고서야 깨달았습니다. '손가락에 병이 났구나.'

어쩌면 하루 12시간씩 책상에 앉아 자판을 그렇게 두드려 대는데 멀쩡한 게 이상한 일이었습니다. 게다가 그 전에 참여했던 게임번역은 마우스 사용이 잦았습니다. 종일 마우스를 손에 쥐고 있었으니 주로 사용하는 엄지와 검지가 더 많이 아픈 게 당연했습니다. 생각해 보니 그랬습니다. 일에 정신이 팔려서 생각이 행동을 따라잡지 못하고 있었습니다. 문제는 만성피로와 수면부족에 있었죠. 모든 신경을 원서와 모니터로 집중한 나머지 정상적인 사고는 마비되고 감각은 둔해졌습니다.

밤을 꼬박 새워 일하고 아침이 되어서야 병원 생각이 났습니다. 정형외과에서 엑스레이를 찍고, 류머티즘 여부를 알아보기 위해 피검사를 했습니다. 다행히 뼈는 멀쩡했고, 인대도 늘어나거나 끊어진 데 없이 아주 탱탱했습니다. 모두 정상이라니 안심해야 되지만 저는 억울했습니다. 아프지도 않은데 꾀병을 부린 초등학생이 된 것 같았거든요. 제 마음을 알았는지 의사가 친절히 설명을 해 주었습니다. 손가락 관절을 과도하게 사용했을 때 일시적으

김정자

로 나타날 수 있는 통증이니 일을 줄이라고요. 물리치료와 약물치료를 꾸준히 병행하며 휴식을 취하면 금세 나을 거라고 했습니다. 하지만 번역가가 손가락을 쓰지 않고 어떻게 일을 하나요?

뜨거운 촛물통에 손을 넣었다 뺐다를 반복하는 파라핀 치료와 레이저 치료를 받고 나니 어느새 몇 시간이 훌쩍 지났습니다. 엄지손가락에 보호대를 차고 반기브스 상태로 집으로 돌아와 앉으니 손가락을 쓰지 말라는 의사의 말이 떠올라 자꾸 헛웃음이 나왔습니다. 그날 전 병원에서 보낸 시간을 보충하기 위해 잠을 줄이고 아픈 손가락으로 키보드를 두드려야 했거든요.

약도 먹고 보호대도 차니 확실히 통증이 줄어든 느낌이 들었지만 움직임이 불편하고 타자 속도가 현저하게 떨어졌습니다. 저는 차라리 오른손의 사용을 줄이는 게 낫겠다는 생각이 들었습니다. 하지만 마우스를 왼손으로 바꿔도 오른손 엄지손가락의 사용 빈도는 여전히 높았습니다. 문제는 바로 '스페이스 바'에 있었습니다. 띄어쓰기를 해야 하는 한글의 특성상 그 어떤 버튼보다 많이 사용하는 것이 바로 스페이스 바입니다. 그리고 스페이스 바 위에서 항상 대기하고 있는 손가락이 바로 오른손 엄지손가락이죠. 편안한 위치에 가로로 길게 차치하고 있는 덕분에 별 생각 없이 '쾅쾅' 쳐 대는 것도 스페이스 바입니다. 마우스를 왼손으로 쓰는 일은 수월했지만, 스페이스 바를 왼손 엄지손가락으로 바꾸는 일은 상당히 어려웠습니다. 컴퓨터가 생기고 타자를 치기 시작한 순간부터 지금까지 쭉 오른손 엄지손가락이 해 오던 일이었으니까요.

그래도 몇 시간 고생하니 조금은 익숙해집니다. 스페이스 바를 왼손으로 치게 되니 정말 왼손잡이가 된 것 같습니다. 낯설지만 나쁘지 않습니다. 오른손잡이라고 해서 오른손에만 의존해 살았더니 고통도 오른손 차지가 되어 버렸습니다. 부담을 양손으로 나눌 수 있다면 훨씬 효율적으로 살 수 있을 것 같았습니다. 무엇보다 왼손을 그냥 오른손을 '거드는' 용도로만 쓰기에는 너무 아까웠죠. 왼손도 틀림없이 오른손만큼의 능력과 재주를 가지고 있을 거라 믿어 봅니다. 그동안 고생한 오른손을 위해서라도 왼손이 잘해 줬으면 좋겠습니다.

"왼손아, 앞으로 잘 부탁해."

김정자

운동하는 번역가

처음 프리랜서 번역가가 되고 자리를 잡을 때까지 1년 정도는 일거리를 찾기 위해 이력서를 돌리고 무수한 샘플 번역과 검토서를 작성하며 고군분투했습니다. 고객이 원한다면 단 한 장의 번역에도 심혈을 기울였으며 단가가 낮아도 닥치는 대로 일을 받았습니다. 회사를 다니면서 경제적인 독립을 한 상태였기 때문에 프리랜서가 됐다고 해서 부모님에게 손을 벌릴 수는 없었습니다. 안 그래도 퇴사한 것 때문에 화가 머리끝까지 났는데 걱정까지 안겨 드리는 건 정말 불효라고 생각했으니까요. 먹고 살기 위해 몸부림치던 그때는 프리랜서 생활을 '즐길' 여유란 없었습니다. 하루살이 같은 초보 번역가가 할 수 있는 건 최대한 아끼며 일이 들어올 때까지 버티는 것이었습니다.

프리랜서 번역가 2년차에 접어들면서 점점 일거리가 늘어났습니다. 한창 의욕이 넘치던 때는 몇 달 내내 하루도 쉬지 않고 일을 했습니다. 거래처를 놓치기 싫어 들어오는 일은 몇 개씩 겹쳐서 받았고 밥 먹듯이 밤을 새워 가며 몸을 혹사했습니다. 업무 시간은 하루 12시간을 넘기기 일쑤였고 늘 수면부족에 시달렸으며 집 밖으로 나오는 일은 점점 줄어들었습니다. 게다가 불규칙한 식생활에 햇볕을 보지 못하는 날이 많아지자 건강에 적신호가 켜졌습니다. 만성피로와 어깨 결림, 심각한 무기력증에 편두통까지. 바늘로 한쪽 머리를 찌르는 듯한 편두통은 마감일이 끝나기만 하면 찾아왔습니다. 약을 먹어 봐도 그때뿐이고 병원에서는 스트레스성이라는 말만 반복했습니다.

제 인생에서 '건강한 신체와 건강한 정신'이 중요한 자리를 차지하게 된 것은 그때 즈음이었습니다. 당장 집 앞 헬스장에 가서 연회원 등록을 했습니다. 처음 상담을 해 준 트레이너는 불규칙한 제 생활을 듣더니 혀를 끌끌 찼습니다. "건강을 잃으며 다 잃는 거예요." 순간 뒤통수를 세게 얻어맞은 것 같은 충격을 느꼈습니다. 사실 트레이너의 말은 틀리지 않았습니다. 열심히 일해서 여기저기서 찾는 번

김정자

역가가 된들 몸이 아프면 아무 소용이 없으니까요. 건강을 해치면서까지 일을 하며 사는 게 누구를 위한 삶인지 회의가 들었습니다. 그동안 시간을 아끼고자 인스턴트 볶음밥과 빵으로 끼니를 해결하며 밤낮없이 일해 왔던 저 자신이 바보처럼 느껴졌습니다. 몸도 마음도 건강한 사람이 되고 싶다는 갈망이 저를 움직이게 했습니다.

한동안 헬스장과 요가원을 전전하던 저는 걷기 운동을 통해 진정한 운동 애호가로 거듭났습니다. 걷기가 무슨 운동이 되냐고요? 처음에는 저도 그렇게 생각했지만 석 달간 하루 5킬로미터씩 일주일에 7일을 꼬박 걷고 나니 생각이 바뀌기 시작했습니다. 집 밖으로 나와 햇살을 쬐며 가볍게 걷는 것만으로도 기분이 좋아졌습니다. 일상과 업무에서 벗어나 혼자 생각하는 시간을 갖게 되자 마음에 여유가 스며들었습니다. 그렇게 신들린 듯 걷다 보니 1년이 훌쩍 지나가더군요. 걸으며 떠오르는 생각들을 정리해 글로 남겼는데 공동저자로 그 글들을 엮은 책까지 출간하는 기회를 얻었습니다. 열심히 걷기만 했는데 2년 뒤에 걷기 책의 저자가 되었으니 엄청난 성과를 거둔 셈입니다.

걷기에 관한 책을 쓰고 나서도 걷기에 사랑은 식지 않았습니다. 오히려 건강과 운동에 대한 관심이 확장되었어요. 실내에서는 웨이트와 아쉬탕가 요가를 하고 실외에서는 걷기와 달리기, 등산, 캠핑을 골고루 즐기고 있습니다. 마감이 코앞으로 다가왔을 때는 하루 정도 쉬기도 하지만 주 7일, 하루 1시간 이상은 무조건 운동을 하려고 노력합니다. 운동에 관심이 없는 사람들은 바쁜 틈에도 운동할 시간을 따로 할애하는 저를 이해하지 못하겠다는 눈빛으로 바라봅니다. 한 동료 번역가는 이렇게 말했습니다. "일을 할 게 아니라면 그 시간에 밀린 잠을 자거나 드라마를 보겠어."

운동하지 않고도 아픈 데 없이 건강하다면 더할 나위 없이 좋겠지만 실제로 그러기는 쉽지 않습니다. 특히 프리랜서는 불규칙한 생활과 식습관에 노출되어 있어서 더더욱 스스로 강제하고 규제할 수단이 필요합니다. 자기 몸에 관심을 가지고 꾸준히 운동하며 관리하는 사람이 더 건강해지는 것은 당연한 결과입니다.

장기적으로 보면 번역도 결국엔 체력 싸움입니다. 초반에는 아무거나 먹고 몇 날 며칠 밤을 새워도 끄떡없겠지만 그런 생활도 기껏해야 1, 2년입니다. 보충되지 않은 체력은 바닥나게 되어 있습니다. 일부 사람들은 '번역은 손가락만 움직이면 할 수 있는 일'로 생각합니다. 하지만 손가

김정자

락은 일종의 출력 도구일 뿐입니다. 빠른 두뇌 회전과 고도의 집중력 및 사고력, 몇 시간이고 앉아서 버틸 수 있는 체력 없이는 절대 불가능한 일입니다.

요즘은 달리기에 빠져 하루 5~6킬로미터씩 달립니다. 요가와 걷기처럼 정적인 운동을 하던 때에 비하면 그야말로 장족의 발전입니다. 예전에는 100미터만 달려도 숨이 턱까지 차올라 헉헉거리며 멈춰 서곤 했으니까요. 그랬던 제가 이제는 하프 마라톤 대회를 꿈꿀 수 있을 정도로 체력이 좋아졌습니다. 최근 몇 년간 감기 한 번 걸리지 않았고 지긋지긋하게 따라다니던 편두통도 말끔히 사라졌으니 제가 어찌 운동을 그만둘 수 있을까요?

중국어 번역을 위한 공부법

1쇄 발행	2018년 7월 13일
2쇄 발행	2020년 10월 5일

지은이	신노을 임혜미 김정자
편집	함혜숙
디자인	오컴의 면도날
제작	제이오

펴낸이	서준식
펴낸곳	더라인북스
등록	제2016-000125
주소	서울시 마포구 월드컵로 167 3층 (윤성빌딩)
전화	02-332-1671
팩스	02-325-1671
이메일	theline4249@naver.com
블로그	blog.naver.com/thelinebooks
페이스북	www.facebook.com/thelinebooks
인스타그램	www.instagram.com/thelinebooks

ISBN 979-11-8840-309-7 13720

이 도서의 국립중앙도서관 출판도서목록(CIP)은 서지정보유통지원시스템 홈페이지
(http://seoji.nl.go.kr)와 국가자료공동목록시스템(http://www.nl.go.kr/kolisnet)에서
이용하실 수 있습니다. (CIP제어번호 : 2018020638)